ZEITWEISE OHNE VERSTAND

Kurze Geschichten / shortstorries

Inez Gitzinger-Albrecht

Die Frage war: Liebst Du mich?
Die Antwort lautete:
Warum liebst Du mich nicht?
(Zitat)

4

Bibliografische Information der Deutschen Nationalbibliothek:
Die Deutsche Nationalbibliothek verzeichnet diese Publikation in der Deutschen
Nationalbibliografie; detaillierte bibliografische Daten sind im Internet über
http://dnb.dnb.de abrufbar.

© *2014 Atelier Rhyvis*
Autorin: **Dr. Inez Gitzinger-Albrecht**

Herstellung und Verlag: BoD – Books on Demand, Norderstedt

ISBN: 9783735722232

Inhaltsverzeichnis   Seite

ZEITWEISE OHNE VERSTAND

Hunde leben einfach besser

Zitronenhaie waren bereits 200Millionen Jahre bevor der Mensch seinen Fuß auf die Erde setzte, in der Lage sich auf dem Meeresgrund auszuruhen und keineswegs ständig dabei zu schwimmen. Es war einer jener Tage, die für Gedanken an die Vergänglichkeit wie geschaffen waren. Eigentlich hatte der Winter sich noch nicht verabschiedet, aber die Erde war bereits feucht und von sattem Grün leicht durchwoben. Alles stand irgendwie bereit sich zu entfalten. Josie fuhr an die Städte ihrer Geburt und wollte ihren Eltern durch ihre Anwesenheit einen schönen Tag bescheren. Es schien so, als hätten sie es bitter nötig. Man zog sich an und ging zwischen der noch erstarrten Erde und den sich rüstenden Rebstöcken einher. Der Spaziergang verlief zu aller Zufriedenheit. Josie fühlte sich irgendwie friedlich, so als hätte sie bereits mit dem Leben abgeschlossen, da sich nichts Neues mehr ereignen konnte. Etwas Traurigkeit wollte sich einmischen, aber sie hatte gelernt, die stille Ruhe wie ein Hai auf dem Meeresgrund zu nutzen. Zu nutzen, um der weiteren Jagd nach dem Wissen und dem Geld gewachsen zu sein. Als sie in die Straße einbogen, die zum heimatlichen Haus führte registrierte Josie einen Wagen, lange bevor die Mutter kommentierte, da ist Boy. Und wie durch ein unsichtbares Herbeirufen, kam er die Treppe herunter und setzte sich in das silbergraue Auto. Josie stellte ihm direkt in den Weg und hinderte ihn so daran, loszufahren. Boy's Erstaunen war eine Mischung aus Furcht und großer Freude. Er hatte einen kleinen Hund dabei, der vielleicht nur einige Tage alt voll Begeisterung die Begrüßungsszene dominierte. Josie war überrascht, welche Wärme in ihr aufstieg. Etwas von dem sie nicht mehr wusste, dass es so etwas noch gab. Der Café, den sie zu zweit tranken, schmeckte nach Erinnerungen und Josie erfuhr dabei, dass der

Hund noch keinen Namen hatte. Der Abend setzte sich in einer neutralen Lokalität fort, um die Tratschmäuler des Dorfes nicht unnötig mit sonntäglichem Stoff zu versorgen. Josie war angetan von den Erzählungen und Erinnerungen ihrer Jugendliebe. Es schien so, als hätte sich in den Jahren dazwischen nichts, aber auch gar nichts geändert. Und Josie ließ Erinnerungen an sich vorbeiziehen, die sie eher nicht mehr erinnern wollte. Eine Pubertät voll tragischer virtueller Leidenschaften. Daher ging sie dahin zurück, wo sie annehmen konnte, dass die friedliche Ruhe sich wieder einstellen würde, zu dem Mann, den sie in der Zwischenzeit geheiratet hatte. Tom war bei ihrer Rückkehr betont gelangweilt, aber Josie konnte seine Unruhe spüren, als er hörte, dass sie mit Boy noch einen Abend zugebracht hatte. Es gelang ihr, ohne viel Mühe, ihn zu besänftigen.

In der folgenden Nacht musste mit Josie etwas passiert sein. Am Morgen saß sie an ihrem Schreibtisch zwischen der kreativen Unordnung von unzähligen Papieren und Büchern und spürte eine plötzliche Zärtlichkeit auftauchen, die sie verwirrte. Instinktiv griff sie in einer ihrer Schubladen, zog eine Postkarte mit Andy Warhols Tomatenbüchsen heraus und bedankte sich bei Boy für die schönen Erinnerungen. Der dicke Brief, der sich daraufhin einstellte, verwirrte nicht nur Tom, sondern sein Inhalt war für Josie wie eine Mischung aus Offenbarung und Faszination des Bekannten-Unbekannten. Er hatte alles behalten, alle Kleinigkeiten, alle Erinnerung und es war eine Reise in die eigene Vergangenheit, die sich vor ihr ausbreitete. Josie liebte jegliche Art von Reisen. Ihre Wünsche richteten sich manchmal auf die Ankunft in fremden Ländern und dann auch wieder auf die ersehnte Rückkehr. Die Zärtlichkeit wuchs und Josie wollte mehr. Sie arrangierte ein Treffen, bei dem sie sich gründlich verpassten. Wie sich später herausstellte, war Josie nicht in der ersten Klasse vermutet worden. Und Josie war geschäftsmäßig ihren schnellen

Entscheidungen gefolgt, ja keinen Misserfolg aufkommen zu lassen und etwa nach ihm zu suchen. Also fuhr sie sofort weiter, ohne ihn gesehen zu haben. Die Dinge ließen sich klären, aber spätere Besuche waren überschattet von Missverständnissen. Josie hatte einen anstrengenden Beruf, bei dem ihr prophezeit wurde, dass sie so nicht lange leben würde. Nicht nur, dass sie einen Termin nach dem anderen abspulte, die Menschen, mit denen sie es zu tun hatte, waren allesamt ungemein fordernd und gaben sich nicht mit Kleinigkeiten zufrieden. Sie wollten immer alles und total von ihr. Manchmal fühlte sich Josie wie eine leer getankte Anlegestelle für Boote, die sich dann voller Lebensfreude davon machten, während sie ausgelaugt sthen blieb. Die zärtlichen Gefühle, die sie dabei war bei sich zu entdecken, waren daher ein völlige Neuigkeit. Boy war ein Mensch, dere sich wunderschön ansah, ob er nun in einem Ledersessel lungerte oder von oben bis unten verschmiert im Garten wühlte. Wenn er sie anblickte, traf er sie tief in ihrem Innersten so sehr, dass ihr ein regelrechter Schauer jegliche Sprache verschlug. Sie wusste nicht, ob sie sich sentimental-kitschig fühlen sollte. Aber langsam begann ihr das egal zu werden. Wenn er seine Worte an sie richtete, nahm sie diese mit ihrem kompletten Körper auf. Er war wie ein ganzheitliches, sinnliches Erlebnis. Josie hatte nach einigen wenigen Besuchen einen neuen Namen für ihn gefunden. Er war einfach ein Außerirdischer für sie. Spaceboy konnte noch schüchterner sein als Josie, wenn Situationen begannen Gefühle auszulösen, und so brachten sie manchmal Stunden damit zu, sich wie vor 20 Jahren über die Dinge des Lebens zu unterhalten. Josie verstrickte sich dabei immer mehr in Gefühlszustände, die ihr völlig fremd schienen und doch so vertraut waren. Spaceboy's Beruf war es geworden, Gefühle mit dem chirurgischen Seziermesser in kodierte Visualitäten zu verwandeln, die offensichtlich nur er noch verstand.

Jedenfalls fing Josie an, eine gewisse Sucht nach seiner Nähe zu entwickeln. Und je mehr sie auf ihn zuging, desto näher schien auch er zu kommen. Doch Spaceboy rechnete nicht mit Josie's Realitätssinn, der sie immer wieder davon abgehalten hatte Zuneigungen zuzulassen. Er nannte es Destruktivität. Auch Josie war überrascht von sich, wie sie versuchte möglichst wenig von ihren Empfindungen zu zeigen. Sie konnte sich einfach gut hinter ihren Terminen und Problemen verstecken. Und als Vermeidungskünstlerin war sie schon immer unschlagbar. Sie musste ihn tatsächlich im Regen stehen lassen an einem dieser Abende. Es brach ihr anschließend das Herz. Und wie es schien, blieb es auch gebrochen. Spaceboy schwärmte zunehmend von seinem kleinen Hund und stellte sich permanent die Frage, wenn er seinen Hund heiraten würde ob dann sein Frau sein Freund sei. Aber einen Namen für den Hund hatte er noch immer nicht gefunden. Tom war in dieser Zeit wie vom Erdboden verschwunden, das begünstigte die Szenerie.

Es schien zunächst so, als hätten sie beide nur darauf gewartet, endlich wieder zusammen zu finden und die zärtlichen Berührungen ab und an, die sich scheinbar wie zufällig ergaben, waren von einer solchen reichhaltigen Gefühlserregung begleitet, dass Josie mehr als eine Stunde mit Spaceboy kaum mehr glaubte aushalten zu können. Die Heftigkeit brachte sie völlig aus der Fassung. Sie begann zu genießen und war von einer unglaublich kreativen Schaffenskraft an ihre tägliche Arbeit gegangen. Doch Spaceboy wurde ungeduldig. Irgend etwas hatte ihn dazu gebracht, immer mehr auf Rückzug zu gehen. Bis dahin, dass er sie mit Briefen beschimpfte und die zärtlichen Telefongespräche einstellte. Wenn sie im Atelier vorbei kam, beachtete er sie nur noch scheinbar uninteressiert und Josie begann zu leiden. Sie hatte immer mehr den Eindruck, Pubertät und momentane Zustände nicht mehr auseinanderhalten zu können. Spaceboy wollte nichts und alles, er war sich offensichtlich selbst nicht klar darüber. Ebenso schüchtern wie Josie, schlug jedoch seine zärtliche Zugewandtheit in brutale Ablehnung um. Josie versuchte den Kopf über Wasser zu halten. Das einzige was ihr zu diesem Zeitpunkt gelang, war ihn in Barrakuda umzutaufen. Sie hatte eine gewisse Affinität zu diesen Fischen. Wunderschön anzusehen, reagieren sie auf Glitzerndes mit massiver Aggression und versuchen dann blitzschnell zuzubeißen. Die feuchte Nase des kleinen Hundes wurde in der Zwischenzeit bevorzugt und schien das Schönste zu sein, was es auf dieser Welt gab. Einen Namen hatte er noch immer nicht, dafür alle Zuneigung.

Mehr oder weniger ungeduldig breitete sich der Sommer aus. Die Hitze schien die Menschen freundlicher werden zu lassen. Spaceboy pflanze gelbe Blumen in seinen Garten und Josie versuchte ihn vergeblich zum Schwimmen zu überreden Nur Barrakuda lauerte auf Anzeichen die ihm einen Grund gaben, zuzubeißen. Josie gab sich ihren Phantasien hin, die sie in die Welt hinaus mitnahm. So war sie wenigstens nicht alleine unter all den fremden Menschen in Ländern, die sich durch nichts mehr unterschieden. Irgendwie schien alles näher zu rücken. Entfernungen waren keine wirklichen Entfernungen mehr, und wenn sie die Kollegen in Amerika über Email nach ihren Ideen fragte, bestand kein Unterschied mehr zu den Männern und Frauen, die direkt vor ihr saßen. Nur Barrakuda hatte sich inzwischen einen Namen für den Hund ausgedacht. Er nannte ihn Ohr. Josie lächelte, als sie ihn so liebevoll mit ihm spielen sah. Das Ohr gab eigentlich mehr Signale aus, die an eine Seele rührten, als es andere Ohren jemals taten. Der Name passte offensichtlich gut. Die Medien gerieten durcheinander und Josie küsste den Hund, sprach mit fremden Menschen in fremden Ländern an kalten Maschinen, die sie niemals anblickten. Barrakuda wusste nicht ob er Spaceboy sein sollte und Josie wollte einen Hund, der ihr Ohr werden sollte.

Der Sommer verging wie die bunten Bilder im Internet. Nach heftigen Anfängen überschütteten die Ereignisse jede menschliche Wahrnehmungskapazität. Und der Hund wurde ein kleines bisschen erwachsener. Nach 200Millionen Jahren fand der Hai seinen Ruheplatz nicht mehr. Josie hielt sich im Reich des Sogenannten auf und hatte das Gefühl nicht mehr zu finden, was sie suchte, weil sie scheinbar verloren hatte, was sie suchen wollte. Warum fand sich nur niemand, der ihr ein Ohr schenkte?

Derweil hörten sich Verkehrsmeldungen aus Radio Gaga wie die Teilnahme an einem gigantischen Monopoly-Spiel bei Alice im Wunderland an. Die Gravitation widersetzt sich allen Vereinigungsbemühungen. Josie stand am Gartentor und blies dem Hund zärtlich auf die Nase. Spaceboy hielt dagegen. Schließlich hatte er Besitzansprüche. Trotzdem war er überrascht darüber, dass die Anweisungen von Josie an das Ohr, nicht ihr, sondern ihm zu folgen, offensichtlich dazu führten, dass der Hund wusste, wohin er gehörte. Barrakuda übte unterdessen das Neinsagen. Und wenn die Zukunft, ohne Berührung der Gegenwart in die Vergangenheit abstürzt, dann ist die Rede von einem Flop. Nein, Josie wollte keine Transmitterprobleme mehr für Spaceboy lösen, der sich entschieden hatte Barracuda zu bleiben: Nein, sagte dieser, bring den Hund im Hintergrund um. Aber Josie war nicht mehr froh. Sie rannte und rannte davon, wo sie auch hinkam, es gab überall Hunde, die an das Ohr erinnerten. Es war allgegenwärtig: Das Ohr verweigerte seine Aufmerksamkeit. Und Josie murmelte in fremde Ohren: Bitte sei niemals verliebt in mich, es ist mir egal was du tust, wenn du mich nur wirklich liebst.

Das Gespräch

Später wälzte sie sich schlaflos im Bett, stand wieder auf, zog sich an und verließ irgendwie das Haus. Draußen war es kalt aber noch nicht Winter. Der Boden war noch warm vom Sommer und die Blätter an den Bäumen konnten sich nicht entscheiden gelb zu werden und abzufallen. Es war Nacht, aber der Mond der wie ein großer Ballon am Himmel hing versteckte sich in einer Nebelschicht so als hätte er ein für alle mal genug gesehen. Ihm graute offensichtlich. Josie lief den Berg ein Stück hinauf in die Nacht. Neben ihr ging ein dünner Schatten in Jeans und Pullover. Sie kannten sich zu gut, als dass sie über seine plötzliche Anwesenheit erschrocken wäre. So konnten sie gemeinsam und stumm den Weg zur Lichtung gehen. Findest Du nicht, dass die Nacht schön ist, fragte er sie und lauerte fast auf ihre Antwort. Ich kann mit Nächten, die einen solchen Mond präsentieren nicht umgehen, erwiderte sie tonlos. Siehst Du denn nicht, wie er sich für dich anstrengt? Für mich? Nein, mich hat er nicht so gesehen, dass es notwendig gewesen wäre, sich zu verstecken. Aber Josie schaute zum ersten Mal richtig gegen den Himmel und da sah sie ihn, er war wirklich schön. Selbst jetzt, da er sich wohl vor ihr versteckte, ging eine eigentümliche Ausstrahlung von ihm aus. Der Schatten neben ihr war genauso plötzlich verschwunden, wie er sie gefunden hatte und Josie ging langsam weiter. Ein Mann kam ihr entgegen, der sie nach ihrem Weg fragen wollte, aber Josie deutete nur auf den Mond. Der Mann war gut gewachsen und schaute in die Richtung, in die Josie ihn gewiesen hatte. Finden sie nicht, dass er schön aussieht, fragte Josie den Mann. Dieser schaute Josie an und sagte, ja ich finde sie sehen schön aus. Josie ignorierte das Missverständnis und setzte ihren Fuß vor den anderen, um einfach weiter zu gehen. Der Mann folgte dicht hinter ihr und fragte erneut nach ihrem Weg. Dieses Mal antwortete Josie, indem sie sagte, dass dort vorne wohl die Stadt sich ausbreite, in die sie gehen wolle und der Mann begleitete sie, ohne weiter zu fragen. Josie wunderte sich ein wenig darüber, dass der Mann so selbstverständlich neben ihr ging, als er begann auf sie einzureden. Er sei Kommissar in der Stadt in die sie gehen wolle, und er könne ihr sicherlich bei allerlei behilflich sein, wenn sie diese Hilfe benötige. Ja, das könne gut möglich sein, dachte Josie bei sich, sagte aber keinen Ton. Der Kommissar sprach von den Gefahren, die sich in der Stadt aufhielten. Es schien so, als beständen diese Gefahren nur aus Männern, die andere Männer zur Arbeit anfeuern wollten und Josie wurde sich klar darüber, dass sie sich auf einen Weg in eine völlig fremde und wahrscheinlich für sie uninteressante Stadt befand. Aber sie ging weiter, und der Kommissar freute sich darüber, dass sie ihm so gut zuhörte, wie er fand. Sehen sie es auch? Sehen sie wie es strahlt? Der Kommissar starrte sie verständnislos an. Nein, ich sehe nichts, murmelte er. Und sein Gesicht schien äußerst schuldbewusst darüber. Aber sie müssen es doch sehen. Da strahlt der Mond und sie sehen es nicht? Josie wurde ein wenig ungeduldig, vergaß dieses Gefühl jedoch sehr rasch, schließlich war er ja ein völlig fremder Mann aus einer völlig fremden Stadt. Aber ein wenig beunruhigte sie es doch, dass sie auf dem Weg in diese fremde Stadt war. Was zog sie da nur hin? Sie konnte es sich nicht mehr erklären. Der Kommissar war in der Zwischenzeit verstummt und der Wald gab den Blick auf die gelben Lichter der Stadt frei. Josie blieb eine Moment stehen und atmete die kühle Luft ein. Riechen Sie es auch? Es ist, als ob die Welt sich neu erschaffen würde. Ich rieche nichts, antwortete der Kommissar und musterte sie belustigt. Josie dachte bei sich, was für ein Mensch er wohl hätte sein können, wenn er es riechen würde. Sie gingen noch einige Schritte schweigend in die Richtung zur Stadt und Josie spürte ein seltsames Lächeln neben sich. Als sie hinschaute, sa sie die Jenas und den Pullover des Schattens. Der Kommissar zog die Augenbrauen hoch. Er befand den Schatten offensichtlich als äußerst bedrohlich und zeigte Bereitschaft sofort zuzuschlagen. Wieso gehst du in diese Richtung, fragte der Schatten. Ich möchte mir die Lichter der Stadt ansehen, erwiderte Josie. Aber das sind doch nur künstliche Gebilde, nichts für jemanden wie dich, das kann doch nur gefährlich sein. Der Schatten sprach ziemlich eindringlich, und der Kommissar hob den Kopf ein bisschen höher und sagte, ich kann ihr helfen, ich kann sie beschützen. Sie tut schon das Richtige. Josie hatte plötzlich keine Kraft mehr weiter zu gehen. Als wären ihre Füße nicht mehr bereit, sich für irgend etwas entscheiden zu wollen. Wieso hast du mir den Mond gezeigt? Fragte sie den Schatten. Er steckte die Hände in die Hosentaschen, so dass ganz deutlich wurde, dass die Jeans für ihn wie eine zweite Haut waren. Ich dachte es gefällt dir. Ja, aber jetzt kann ich nicht mehr in die Stadt gehen, ohne die künstlichen Lichter mit dem Mond zu vergleichen. Das ist gut so, sagte der Schatten. Nein, das ist schlecht, warf der Kommissar ein. So kann sie die Gefahren nicht mehr erkennen. Aber ich denke sie hat Sie, spottete der Schatten und der Kommissar ballte seine Faust in der Manteltasche, sagte aber nichts. Josie fühlte sich unwohl. Irgendwie stieg in ihr das Gefühl auf, dass der Schatten und der Kommissar anfingen sich gegen sie zu verbünden. Sie wollte weglaufen, aber ihre Füße gehorchten ihr noch immer nicht. Da fing der Schatten einen Streit mit dem Kommissar über künstliches Licht an. Sein Pullover wurde immer dünner und farbloser. Ja es schien so, als ob der Schatten anfing, sich in ein Seil zu verwandeln. Oder war es eher ein Strick. Und tatsächlich, Josie starrte auf die Erde auf die er gefallen war, ein Strick, fein säuberlich zusammengerollt, so als hätte ihn jemand verloren, bevor er ihn jemals verwendet hatte. Ist der Schatten tot? Fragte Josie den Kommissar. Es scheint so, sagte dieser. Und nach einer langen Pause fügte er hinzu, wollen wir weitergehen in die Stadt, ich friere ein wenig. Josie starrte noch immer auf den Strick, und nur ganz langsam konnte sie den Blick lösen und auf den Mond schauen. Nein, sagte Josie, ich werde nicht mehr in die Stadt gehen können, denn ich werde die Gefahren nicht mehr erkennen können. Der Mond hatte seinen Nebel weiter gegeben. Und wenn er tot ist, und dabei deutete sie auf den Strick am Boden dann bin ich es auch. Als sie sich bücken wollte, um den Strick anzufassen, war dieser verschwunden und ein kleiner Finger tippte sie an. Neben ihr stand ein Kind, fast noch ein Baby das auf den Arm genommen werden wollte. Sie hob es auf und sofort kuschelte sich das Baby in ihren warmen Körper und begann zu schlafen. Josie wusste nicht, was es mit diesem Kind auf sich hatte, aber sie nahm es mit sich und sprach behutsam und beschützend auf das kleine hilflose Wesen ein, so dass keine Angst aufkommen sollte. Wir werden schon sehen, wie du wächst, größer wirst, und irgendwann wirst du laufen können und ein erwachsener Mensch sein. Dann werde ich dir den Mond zeigen und du wirst ihn ebenso lieben wie ich.

Keine Leidenschaft

Im Kriegsgebiet zerstritten sich die beiden Parteien um die Einführung der Winterzeit mit blutigen Kämpfen und vielen Toten. Derweil gründeten Naturschützer eine Liga zur Rettung der Elefanten im Kongo. Frucht und Furcht.

Sie war an das riesige, starre Rad der äußeren Umstände gefesselt, und im ganzen Weltall war kein Perseus die Fesseln zu sprengen. Ein Mann der handelt und nicht redet und kein Geschwätz der Haribo-Menschen im Reich der sweet dreams. Das war notwendig. Immer und immer wieder war sie, wie eine Motte zum Licht auf das Gerede hereingefallen. Oh, es gab brilliante Schwätzer. Die durchschaute sie sofort. Männer mit wissender Aura. Brilliante Köpfe. Und allesamt ohne Handlung. Sie dachten und redeten, waren stumm und redeten. Josie hatte sich immer und immer wieder davon beeindrucken lassen. Trotz allem wusste sie ebenso genau, dass alles nur Geschwätzt war für das Verlangen ihrer Leidenschaft. Die Jahre vergingen und mit ihnen Josie's Gespür für Männer mit Handlung. Als Perseus vor ihr stand, war auch er nur ein Außerirdischer, der seinem Universum treu blieb. Aber das war nur die halbe Wahrheit. Denn er versuchte nicht, sie durch Reden zu überzeugen. Er wollte sie wirklich. Aber Josie hatte so sehr den Glauben an die Wirklichkeit verloren, dass sie nicht mehr in der Lage war, sie zu erkennen. Ein wenig wie Wahnsinnige, die alles wissen und spüren, aber nicht mehr wirklich leben können. Denn sie spürte ihre Leidenschaft. Die pure Lust stieg ihre Lenden hinauf und ergriff Besitz von ihrem ganzen Körper. Zehn Minuten realer Kontakt brachten sie völlig aus der Fassung, so sehr, dass sie nicht mehr wusste, ob die Welt der Phantasie sie verschlungen hatte. Nacht für Nacht und Tag für Tag nach jeder Minute mit Perseus fühlte sie sich dem Wahnsinn der Leidenschaft so nahe, wie es näher kaum sein konnte. Aber Perseus wollte Handlung und sie erkannte es nicht. Denn er wollte auch Bestätigung seiner Wahrheit und das erinnerte an Geschwätz. Schließlich behauptete er, dass sie nicht wirklich lieben könnten, da sie keine Gemeinsamkeiten und keine Leidenschaft hätten. Perseus war wie immer in diesen Fällen zum Friedhof gefahren und hatte ein Grab und eine Beerdigung erschaffen. Josie verlor darüber den Verstand.

Das Messer

Josie fuhr über die lange Autobahn durch den Regen. Sie kam aus den Wolken hervor und versuchte ihre anstrengende Arbeit hinter sich zu lassen. Der Regen schien das Autodach völlig aufzuweichen, aber sie freute sich auf den Besuch im Atelier. Als sie über den knirschenden Kies fuhr, konnte sie die erleuchteten großen Fenster sehen, die Party schien schon in vollem Gange zu sein. Josie stiege aus dem Fahrzeug und rannte unter dem Regen hindurch zur Tür. Als sie eintrat und noch die letzten Tropfen abschüttelte, blieb sie erstaunt im Eingang stehen. Eine Ansammlung von 10 bis 15 Menschen, alle mit relativ langen Haaren und legerer, alternativer Kleidung standen im Halbkreis und starrten bewegungslos auf einen Mann der vor ihnen stand. Er hatte ein Messer in der Hand, war offensichtlich völlig verängstigt und seine langen blonden, strähnigen Haare verdeckten sein Gesicht fast ganz. Josie stöhnte innerlich und ließ sich in den hintersten Sessel fallen. Nicht schon wieder dachte sie. Der Mann mit dem Messer schrie auf die anderen ein, und diese schrien hilflos irgend etwas zurück. Nach einer gewissen Zeit fragte Josie einen der umstehenden, wie der Mann mit dem Messer mit Nachnahmen hieße. Meistel, oder so war die vage Antwort. Josie stand auf, reckte den Kopf und ging festen Schrittes auf den Mann, der Meistel oder so heißen sollte zu.

Mein Name ist Dr. Jo und wir können uns unterhalten. Wie heißen Sie? Sie sah ihn mit festem undurchdringlichen Blick an. Der Mann mit dem Messer schaute irritiert zu ihr hinüber. Dann wieder auf den Boden, schließlich murmelte er Meister. Gut, erwiderte Josie, Herr Meister sie haben ein Problem. Und wir können schauen, ob wir uns darüber unterhalten können. Es entstand eine Pause und Herr Meister schien nicht zu wissen was er tun sollte. Sehen Sie die Tür da, Herr Meister, wir können nach nebenan gehen und uns ein wenig unterhalten. Und nach einer kurzen Pause, nachdem der Mann erst die Tür und dann Josie angestarrt hatte, fügte sie mit lauter und bestimmter Stimme hinzu: Wir gehen jetzt da hinein, aber vorher müssen Sie das Messer weglegen. Ich kann mich mit Ihnen nur unterhalten, wenn sie das Messer weglegen. Der Mann starrte das Messer in seiner Hand an. Er zögerte. Schließlich sagte Josie sehr laut: Das Messer. Hier auf den Boden. Der Mann streckte die Hand mit dem Messer aus, und nach einigen vergeblichen Versuchen schaffte er es schließlich, das Messer auf den Boden vor Josie zu legen. Die anderen standen noch immer umeher und beobachteten die Szene. Josie stellte ihren linken Fuß auf das Messer und schob es langsam aber kräftig nach hinten, in der Hoffnung, dass jemand hinter ihr es aufhob und verschwinden ließe. Sie sagte zu dem Mann, indem sie ihm fest ins Gesicht blickte lassen sie uns jetzt hier hineingehen.

Und tatsächlich er ging mit. An der Tür gab es noch kurz Probleme darüber, wer nun zuerst hinein gehen sollte, aber schließlich waren sie beide in dem anderen Raum verschwunden, und Josie schloß die Tür. Das Gespräch verlief ruhig und die Angst des Herrn Meisters vor anderen Menschen und deren Verfolgung war deutlich. Nach geraumer Zeit konnte Josie sogar nach draußen gehen und ein Beruhigungsmedikament für Ihn aus ihrer Tasche holen. Sie hielt die Flasche hoch und dosierte in ihre Handfläche, fischte nach einer Coladose, warf einen Blick auf die paralysierte Menschansammlung und ging zurück in den Raum mit Herrn Meister, nicht ganz ohne Furcht, ob er die kurze Einsamkeit nicht zu einem Rückfall nutzen musste. Aber er saß ganz ruhig auf seinem Schemel und wartete darauf, dass sie zurückkam. Sie hielt ihm die offene Hand mit den Medikamenten hin, und er weigerte sich zunächst sie zunehmen, schon gar nicht mit Cola, das er für lebensgefährlich hielt. Nachdem Josie einen

Schluck aus der Dose genommen hatte, erklärte Herr Meister sich jedoch bereit, die Medikamente zu nehmen. Anschließend unterhielten sie sich ein wenig über dies und das. Schließlich war sich Josie sicher, dass er sich endgültig beruhigen würde und erklärte ihm, dass sie ihn jetzt alleine lassen müsse, um für ihn eine Ambulanz zu rufen, die ihn an einen für ihn sicheren Ort bringen würde. Er war unsicher aber begann ihr zu vertrauen und ließ sie gehen. Josie suchte draußen nach dem Telefon. Es war wie immer nicht ganz einfach, die Ambulanz dazu zu bewegen, jemanden der offensichtlich für sich und andere eine Gefahr war, abzuholen. Schließlich sagten sie zu, dass sie kommen würden. Josie warf einen Blick auf die Partygäste, die sie verängstigt beobachteten und ging zurück zu Herrn Meister. Sie sprach mit ihm ein wenig über seine Ängste und über die schönen Dinge in seinem Leben. Davon schien es nicht viele zu geben. Er war eben einsam und fühlte sich deshalb verfolgt. Schließlich hörte sie den Ambulanzwagen vorfahren. Josie erklärte Herrn Meister, dass es für ihn nicht einfach werden würde jetzt da raus zu gehen, aber dass sie bei ihm sei und ihn begleiten werde. Sie werde aber vorher mit den beiden Männern, die ihn weiter betreuen werden, sprechen. Also ging sie nach draußen. Die Ambulanz hatte das Blaulicht angestellt, und Josie erschrak bei dem Gedanken, was diese Sirene bei Herrn Meister alles auslösen würde. Sie bat die Sanitäter das Blaulicht auszustellen. Aber sie rührten sich nicht sonder suchten nach ihrem Patienten. Da geriet Josie kurzzeitig außer sich und schrie den Diensthabenden an: Machen sie sofort das Blaulicht aus, wo haben sie ihren Job gelernt? Der kleine, junge, blonde Mann war wütend, sagte aber zu seinem Kollegen, mach's halt aus. Dann ging Josie zurück zu Herrn Meister, sagte ganz ruhig zu ihm, ich werde sie jetzt am Arm fassen und wir gehen beide durch die Menge zum Auto. Sie werden sehen, es wird ihnen nichts geschehen und die beiden Jungen Männer werden sich sehr freundlich um sie kümmern. Sie gingen also hinaus, durch die gaffenden Gäste hindurch, über die beiden Stufen zum Wagen. Herr Meister zögerte, wollte stellenweise nicht weiter gehen und Josie sprach mit Engelszungen auf ihn ein. Schließlich stieg er in den Wagen und wurde von einem der beiden Sanitäter in Empfang genommen. Die Tür schloß sich und große angsterfüllte Augen starrten sie durch das Fenster an. Es brach ihr fast jedes Mal das Herz, wenn sie so etwas mit ansehen mußte. Der Wagen fuhr vorsichtig davon. Josie ging im Dunkeln zurück zum Haus und blieb auf den Stufen stehen. Sie setzte sich hin und Tränen der Erschöpfung rannen über ihr Gesicht. Sie konnte sich niemals an diese Tragik gewöhnen. Während sie so dasaß, kam Perseus heraus und setzte sich stumm neben sie. Die Tränen flossen stärker, und sie lehnte ihren Kopf an seine Schulter. Du warst wunderbar, sagte er zu ihr und legte den Arm um ihre Schultern. Josie fühlte sich getröstet, aber der Abend war für kein Vergessen mehr geeignet. Was habt ihr mit dem Messer gemacht? Wollte sie noch wissen. Er zog es aus seiner Tasche, und hielt es ihr hin. Hier, niemand weiss was damit zu tun ist. Josie bat ihn, es in dem Mülleimer zu werfen, aber das Messer klebte an seiner Hand.

Just who the hell is SHE, anyway?

Das Telefon läutete die Wände entlang. Hi, hier ist Matze. Hi
Matze. Die Pause war lang. Ja, ich wollte nur...., ich habe ein
Problem..., Matze hatte immer Probleme. Dieses Mal war es
nicht die Schwester, deren alkoholisierter Ehemann sich mit
Benzin im Beisein der gemeinsamen Kinder übergoß. Nein, er
hatte selbst ein Problem. Aber dann stellte sich heraus, es
waren wieder andere, deren Problem er zu lösen versuchte.
Matze hatte noch immer keinen Führersein. Es war schon ein
Drama. Aber eigentlich nur ein Drama für ihn. Er wollte für
Freunde Farbe nach W. fahren. Und niemand fand sich, den er
für diese Fahrt aktivieren konnte. Ich weiß ja, Du hast nie
Zeit, aber könnte es nicht vielleicht sein..., wir könnten auch
in die Schweiz fahren und einkaufen gehen. Ich brauche
jemanden, der mich fährt, die Leute warten auf mich. Sie
haben schon mehrfach mit mir telefoniert. Kannst Du nicht?
Ich würde Dich nicht damit belästigen, wenn ich nicht...
Josie war in der Laune, in der sie selten genug, selbst für
Matze alles tun würde. Ja, ich muß nur noch einige Gespräche
erledigen, und wir können fahren, wenn Du willst in 1Stunde.
Aber keine Versuche, selbst fahren zu wollen. Ich fahre.
Matze konnte es kaum glauben. Er war voller Überraschung.
Sie fuhren später los, und es stellte sich heraus, dass die Farbe
für „gute Freunde" an der Schweizer Grenze bestimmt war.
Matze hatte nur gute Freunde, die ließen ihn dann im Stich.
Die Fahrt verlief angenehm. Sie hatten sich sehr viel zu
erzählen, da keine Zeit war, die life events der letzten Monate
direkt zu klären. Und Matze war wie immer voller Ideen, die
er nie umsetzte. Und wie geht's Dir? Du bist so verschlossen.
Naja Matze, was soll sich schon tun? Es geht mir nicht anders
als Dir, nur viel weiter weg.

Als sie bei den Freunden ankamen, waren eine Menge von ihnen im Garten und feierten eine Art Grillparty für Alternative. Das Haus war idyllisch, klein und natürlich ziemlich verwahrlost. Die Leute konnten nie unterscheiden zwischen dem, was sie haben und was sie darstellen wollten. Oder doch? Josie fuhr den Lieferwagen rückwärts in die Idylle, und Matze begann mit 2-3 anderen auszuladen. Als Josie aus dem Wagen stieg, konnte sie einen Fremden erkennen, der ihr sofort gefiel. Josie taufte ihn spontan Spaceboy2. Und eigentlich war nur ein Satz wichtig: why should I be on the ledge...when I really could be on the verge?! Diesen Satz verstand auch Spaceboy2 nicht. Er beobachtete nur das Geschehen. Seine scheinbare Nichtteilnahme war so außerirdisch, dass sie für Josie unverständlich wurde. Matze drängte auf Heimfahrt. Josie wollte, dass Spaceboy2 sie begleite, aber er war mit anderen verbunden. Sie machten ihn wahrscheinlich glücklicher. Matze litt sofort mit. Er versuchte zu trösten, wo es nur ging. Aber es ging nirgends. Sie arbeiteten einen Racheplan aus. Aber dieser endete in einer Art Droge. Kaputte Herzen kann man nicht rächen. Willst Du mir nicht erzählen was war? Matze gab nicht nach. Er war wirklich um sie besorgt. Ach, Matze, Josie seufzte ein wenig zu laut und seine Besorgnis war ihm ins Gesicht geschrieben. Ich habe gerade darüber nachgedacht, dass es für mich immer Brüder gibt. Josie hatte eine Menge Brüder. Irgendwie war Matze auch einer von ihnen. Warum sagst Du nicht einfach, dass Du etwas Neues ausprobieren möchtest. Etwas, das Du nicht kennst, das er offensichtlich auch nicht kennt? Weil ich ihm angeboten habe, dass ich in der Passivität bleibe möchte, um zu sehen was passiert. Und? Matze war richtig neugierig. Nichts, murmelte Josie. Ich hab's nicht geschafft. Er hat wie alle Krokodile Angst vor mir. Vo dem unbekannten Gefühl, das sich am besten kontrollieren lässt, indem man in die Distanz geht. Zum

Beispiel zur Schwester gemacht wird. Oder sich mit freundschaftlich brüderlicher Verbundenheit das holt, was man gerne hat. Dabei bleibt zwar etwas auf der Strecke, aber nach christlicher Weisheit, hält es auch länger. Matze verstand nur die Hälfte als er sie fragte, liebst Du ihn? Liebe? Was ist das? Wenn ich nachts nicht schlafen kann, 24 Stunden am Tag daran denke und vor Angst mich lieber abwartend zur Schwester Machen lasse? Josie sinnierte darüber, dass sie keine Ahnung von Liebe habe. Daß sie ein Gefühl von Zärtlichkeit entdeckt habe das ihr bis dahin unbekannt war, dass immer wieder Sprachlosigkeit eine Rolle spiele, und dass sie schließlich Konventionen zu erfüllen habe. Matze sprang wieder auf den Vordersitz, nachdem sie an einer Raststätte ausgestiegen und Kaffee getrunken hatten. Liebt der dich denn? Keine Ahnung. Josie wurde traurig. Ich hatte es gedacht, aber wie soll er mir das auch mitteilen, wenn ich nicht weiß, welche Sprache er spricht. Wie hat er dich denn gefunden? Just like a rolling stone? Nein, es war eher wie ein Vulkan, der sich aus 1000 Meter Tiefe an die Oberfläche gearbeitet hatte, und dann erstarrte über das, was alles sein könnte. Josie hatte Probleme mit dem Rückwärtsgang. Die Kiste war wirklich ziemlich klapprig. Wozu sollte man sich auch auf eine solche Gefühlswelle einlassen, wenn man nichts mehr kontrollieren kann? Das kenne ich gut. Matze war glücklich, dass er etwas Bekanntes gefunden hatte. Jaja, immer das Gleiche, es könnte ja anders sein. Und was dann? Josie wurde zynisch. Alles nur eine Frage der Prämissen, las sie Matze aus einer Zeitschrift vor: Mao war ein ausgezeichneter Schwimmer, er konnte auf dem Rücken schwimmen und gleichzeitig rauchen, mit 62 Jahren. Geschichten aus Projektionen von Wunschträumen, zum Greifen nahe und doch nur Papier das einen vom Leben abhält weil keine Sehnsucht mehr auftreten darf. Das heißt Distanzen herstellen durch Abbrüche, aber gibt es eine Ahnung über die

Gefahren, die hinter den Palmenstränden lauern? Hinter jedem Baum eine Katastrophe? In jedem See eine Falle? Das Böse tarnt sich durch das schöne blaue Meer? Echt kann falsch sein, die Zweifel sind da.

Ein kleiner grüner Frosch sprang auf die Innenseite der Windschutzscheibe. Matze und Josie mussten fürchterlich lachen. Wie er da so im Fenster hing mit seinen winzigen grünen Beinchen und den knubbeligen Zehen die so übermächtig den ganzen Körper bestimmten. Alle Sorten von Vögeln würden vor Vergnügen um die Wette schreien, wenn sie ihn so sehen könnten. Heute gibt es dafür eine Technologie, warf Josie ein, eine Technologie, um das Innere dem Äußeren anzupassen. Cyberwesen sein zu wollen, das ist der Wunsch die Persönlichkeit zu modellieren. Überall zu sein, heißt nirgends zu sein. Ich bin eine Nomadin geworden, wirft Josie ein, weil die Brutalität des Seelenschmerzes nicht mehr gefragt ist. Wer sie lebt ist altmodisch. Also Entzug? Damit kenne ich mich aus, Matze, hatte sein Thema wieder gefunden und die restliche Autofahrt bestand aus den Erfahrungen und Verwirrungen und Wiederholungen seiner Thematik.

Genug

Guten Tag. Sagte das Kaninchen zum Jäger, wirst du mich jetzt umbringen? Warum sollte ich das tun? Erwiderte der Jäger. Naja, es ist dein Job. Nein, sagte der Jäger betreten, mein Job ist es nach dem Rechten zu schauen. Woher weißt du was das Rechte ist? Das ist eine gute Frage, sinnierte der Jäger vor sich hin. Vielleicht wenn ich abschätzen kann, wann genug ist, fügte er heißer hinzu. Seine letzte Nacht war wohl etwas anstrengend, dachte das Kaninchen bei sich. Denn es kannte sich inzwischen ganz gut aus bei den Menschen. Und Menschen waren immer heißer, wenn sie eine anstrengende Nacht hinter sich hatten. Wann ist genug, genug? Insistierte das Kaninchen. Oh, laß es sein. Der Jäger wurde ungeduldig und ging ein Stück weiter. Aber das Kaninchen wollte diese Frage beantwortet haben. Schließlich stand auch für ein Kaninchen die existentielle Frage nach dem Genug täglich auf der Speisekarte. Du wirst es schon merken, wenn es soweit ist. Der Jäger war unwirsch geworden. Das Kaninchen blickte unglücklich drein. Bislang kannte es das Genug noch nicht. Und dabei war es doch so neugierig auf alles was es nicht kannte. Der Jäger ging missmutig seines Weges und das Kaninchen war frustriert. Da kam ein Wolfshund den Weg entlang. Das Kaninchen nahm all seinen Mut zusammen und blieb auf der Stelle sitzen, bis der Hund ganz nahe war. Weißt Du was Genug ist? Fragte das Kaninchen den Hund ganz heißer. Der Wolfshund stutzte, sah das Kaninchen an und sagte, wozu willst du das wissen? Hast du eine schlimme Nacht gehabt? Das Kaninchen wurde verlegen und schämte sich. Der Hund schüttelte den Kopf und ging weiter, als hätte er vergessen, dass es zu seinen Lieblingsbeschäftigungen gehörte, Kaninchen zu jagen. Das Kaninchen blieb traurig im Gras sitzen. Wieso wissen alle anderen immer Bescheid, und nur ich verstehe nichts? Fragte es sich selbst. Während es so vor sich in dachte, kam der Jäger mit dem Wolfshund die Lichtung zurück. Das Kaninchen hatte aufgegeben nach dem Genug zu fragen und saß resigniert im Weg der beiden. Was schaust du so trostlos? Schnaubte der Hund. Ach friß mich halt, damit ich von dir lernen kann was Genug ist. Du bist wirklich doof, langweilte sich der Hund. Was soll ich mit einem Kaninchen anfangen, das intellektuelle Fragen stellt, anstatt vor mir davon zu rennen, damit ich es anständig jagen kann. Aber das Kaninchen war versessen darauf zu erfahren, was genug ist. Auch der Jäger sah sich außer Stande auf ein Kaninchen zu schießen, das sich nicht bewegte. Deine Fragerei ist genug, erwiderte der Jäger unfreundlich. Warum? Das Kaninchen fühlte sich unverstanden und zurückgewiesen. Und auch dieses Mal ging es leer aus. So saß es Abend für Abend im Gras und fragte jeden der vorbeikam, was Genug sei. Niemand konnte ihm auch nur halbwegs eine befriedigende Antwort geben. Nachts konnte es nicht schlafen und tagsüber war es sehr müde und konnte nur schwer seine Mahlzeiten finden. So verging ein langer Sommer, der jede andere Neugier des Kaninchens erstickte. Ja, es war inzwischen so besessen von der Frage was genug sei, dass es sich für nichts mehr sonst zu interessieren schien. Aber je mehr es versuchte eine Antwort darauf zu finden, desto mehr geriet es in die Falle der Ahnungslosen. Schließlich beschloß das Kaninchen das Land zu wechseln und dort nach der Antwort zu suchen, wo es bessere Antworter vermutete. Aber in dem anderen Land war es noch schwieriger eine Antwort zu finden, schließlich waren die Menschen und Tiere dort eigentümlich verwunschen. Oder auf jeden Fall irgendwie anders und sehr fremd. Daher entschloß sich das Kaninchen wieder zurück in die alte Heimat zu gehen und sich resigniert im alten Gras niederzulassen und niemanden mehr danach zu fragen. Nur nachts wälzte es die Frage, was denn genug sei in seinem Herzen hin und her. Aber es war nicht mehr in der Lage vorbeiziehende Lebewesen um eine Antwort zu bitten. Es hatte resigniert. Selbst als eines nachts der Wolfshund wieder vorbei kam, ein wenig älter, und wie es schien ein wenig weiser geworden, hatte es nicht mehr die Kraft sein Frage zu stellen. Der Wolfshund blickte es neugierig an, verlor aber relativ rasch das Interesse und trottete wie immer kopfschüttelnd davon. In dieser Nacht flüsterte das Kaninchen erneut vor sich hin, was ist genug, was ist nur genug? Und plötzlich kam von sehr weit weg eine Stimme ins Gras: warum quälst du dich so? Das Kaninchen schaute auf und sah den Mond, der hell und wunderschön auf die Wiese strahlte. Ach, lieber Mond, seufzte das Kaninchen, dich wüsste zu gern was genug ist. Warum willst du denn das wissen, fragte der Mond liebevoll zurück. Nach einer kleinen Pause antwortete das Kaninchen, ich habe den eigentlichen Grund im Laufe der Jahre verloren. Es ist nur so, als könnte ich nicht leben, wenn ich nicht weiß was genug ist. Aber genug hat nichts mit dem Leben zu tun, genug ist der Tod. Zum ersten Mal horchte das Kaninchen auf. Genug ist der Tod? Fragte es erstaunt zurück. Ja, erwiderte der Mond, wenn du genug hast ist alles vorbei. Genug, das ist der Tod. Das ist Sterben, das ist Abschied und Trennung. Es entstand eine sehr lange Pause bis das Kaninchen den Mond anschaute und sagte, dann habe ich die ganze Zeit immer nach dem Tod Ausschau gehalten? Es scheint so, lächelte der Mond vor sich hin. Und als im hellen Mondlicht der Jäger und der Wolfshund am Rande der Lichtung auftauchten, nahm das Kaninchen seine Angst vor den beiden wahr. Plötzlich rannte es so schnell es konnte davon und war dabei überglücklich. Es fühlte sich geliebt, denn der Hund und der Jäger waren hinter ihm her, und es rannte vor dem Tod davon, weil es nicht mehr wissen wollte, wann genug ist. Es spürte das Leben in sich, nach all den verzweifelten Jahren ein Leben, das die Fragen nach dem Genug verloren hatte.

Gefangene

Durch den Bahnhof zog ein eisiger Wind, als ob es Winter werden würde. Aber eigentlich war es dafür schon viel zu spät, denn gleichzeitig zeigte sich die Sonne am Himmel und versuchte sich durchzusetzen. Josie stand am Bahngleis und wartete auf den Zug, der sie zu ihrer fernen Arbeitsstelle bringen sollte. Die Welt war schon irgendwie seltsam geworden. Entfernungen werden zurückgelegt, um an einem anderen Ort in Ruhe leben zu können, was aber so nie gelang. Josie war immer irgendwie auf Reisen. Während sie wartete begann in ihr sich ein Gefühl zu melden, das ihr eine Unterbrechung auf halber Strecke in den Kopf setzte. Ja, warum nicht bei Spaceboy vorbei schauen, er konnte so herrlich liebevoll sein. Also fuhr Josie nur die Hälfte der Strecke ihres Weges und schaute bei Spaceboy vorbei, der zusammen mit einem Anderen im „blauen Anton" vor der Tür stand. Spaceboy stutzte als er sie kommen sah und rief ihr von weitem zu: Hast Du dein Auto zu Schrott gefahren? Ganz klein und viereckig, antwortete Josie mit todernster Miene. Er stutzte wieder, musterte sie intensiv und erwiderte trocken. Damit es besser in die Tasche passt? Josie nickte und grinste, das blaue Reh, wie sie den Anderen getauft hatte, lachte und Spaceboy nahm sie in die Arme und küsste sie mitten auf den Mund, Du hast eben wirklich...murmelte er, während sie in den großen Raum gingen, damit sie ihren Rucksack ablegen konnte. Ich muß nur noch dies und jenes machen, war er hin, und verschwand mit dem Leim in der Hand an der Werkbank. Josie beobachtete ihn, wie er arbeitete. Konzentriert die Leisten sägte, Bilder darauf legte und ein Auge zukniff, um besser sehen zu können. Josie stand auf, ging zu ihm hinüber, setzte sich in die Hocke zu ihm hin und witzelte: Ist ja alles ganz easy. Er protestierte heftig. Sie hängte sich in einen der beiden Sessel und wartete. Das blaue Reh schaute herein und warf einen kurzen, prüfenden Blick auf sie, um sich gleich wieder erschrocken abzuwenden. Spaceboy setzte sich zu ihr und verzog das Gesicht zu einer Fratze, während er sich eine Zigarette drehte. Josie fratzte zurück. Spaceboy schwieg und Josie fragte ihn, ob er überhaupt Zeit habe. Ja, er müsse noch dies und das machen, und nachher gäbe es eine Bratwurst, da hat jemand Geburtstag. Vielleicht sollte ich wieder den nächsten Zug nehmen, warf Josie ein. Er machte ein missmutiges Gesicht als er sagte, du kannst eine Bratwurst essen. Ich will aber keine Bratwurst essen, trotzte Josie und zögerte, ob sie nicht gleich aufstehen und gehen sollte. Er schaute sie an wie die Schlange Ka aus dem Dschungelbuch, und Josie musste innerlich lachen. O.K. sagte sie, wir werden sehen. Spaceboy arbeitete weiter und Josie blätterte in einem seiner Kataloge. Dazwischen setzte er sich immer wieder zu ihr hin, um sich eine Zigarette zu drehen, sprang aber gleichzeitig wieder auf um wegzugehen. Meine Güte ist das chaotisch, dachte Josie bei sich, das macht mich langsam verrückt. Dazwischen bot er ihr ein Bild von einem alten See an, den sie beide so geliebt hatten. Das kannst du mitnehmen, wenn du den Computer bringst, wirft Spaceboy so hin. Josie stellte äußerst gerührt über dieses Angebot für sich fest, er kann alles nur gleichwertig vertragen, sagte aber nichts dazu. Auge um Auge, Zahn um Zahn, eine altbekannte Männerwelt. Später gingen sie auf eine Grillparty, bei der sich Josie wie eine Außerirdische fühlte. Ein langer Tisch mit vielen Leuten und eine Menge Kinder. Der am Grill imitierte offensichtlich Beuys. War aber seiner Rolle irgendwie nicht gewachsen. Big Mama unterhielt sich mit Spaceboy über ihre 4 Kinder. Es waren Mensche, die nicht mit ihr redeten, die sie wie ein Nichts behandelten. Aber was war das schon gegen die Anwesenheit, das Lächeln und die Blicke von Spaceboy. Josie fühlte sich einfach wunderbar in seiner Nähe. Das Reh unterhielt sich schließlich mit ihr über Computer, und die Kinder quetschten sich zwischen den Erwachsenen hindurch, auf der Jagd nach den Überraschungseiern, die überall herumlagen.

Als Josie gehen wollte, um den letzten Zug noch zu erwischen, begleitete sie Spaceboy zum Bahnhof. Der Zug stand schon abfahrbereit. Es gab eine solch zärtliche Abschiedsszene zwischen ihnen, dass Josie fast dahingeschmolzen wäre. Sie ahnte die Freiheit der Liebe in seinen Berührungen und verlangte nach mehr. Ja, sie liebte ihn wirklich und wollte bleiben, oder dass er mitkam. Josie fühlte sich dabei wie ein Tiger im Käfig. Wütend über die zerzwungene Gefangenschaft und ohnmächtig sich selbst zu befreien. Der Zug fuhr ab und Spaceboy war von einer Sekunde zur anderen wie vom Erdboden verschwunden. Auge um Auge, Zahn um Zahn...Und während der Zug sich den Berg hinauf schob, fing es tatsächlich an zu schneien. Schnee im Frühjahr, dr leise vor sich in fiel und die Welt in eine Art Stillstand verwandelte. Die reale Welt und Josie's Gefühle verwandelten sich in einen Kontrast, wie er extremer nicht sein konnte. Von diesem Tag an existierte Spaceboy nur noch als Implantat in ihrer Phantasie, oder war sie etwa der virtuellen Realität erlegen? Jedenfalls waren von nun an, Montage wie Tage des ewigen Abschieds für sie geworden. Er kam nicht mehr zurück, es gab keine zärtlichen Berührungen, keine Blicke, kein Lächeln mehr. Josie suchte bei jeder Zugfahrt auf jedem Bahnhof nach ihrer verlorenen Liebe. Er blieb verschwunden Alls wurde zur Illusion und war es vielleicht schon immer gewesen. Der Tiger im Käfig hatte seine Chance jemals wieder in Freiheit entlassen zu werden, gründlich verpatzt.

Nadja's Leiden

Hi Josie, es war ein trüber aber äußerst gemütlicher Sonntag Morgen, Josie htte es sich auf dem Sofa inmitten von Bergen von Zeitungen und Zeitschriften bequem gemacht, als das Telefon brutal die Stille zeriß. Nadja? Seit Monaten habe ich nichts von Dir gehört, kommentierte Josie freudig erregt die andere Stimme. Ja, ich wollte mal hören, wie's Dir geht und ich sitze gerade da und überlege mir, wie's mit meinem Studium weitergehen soll...und überhaupt. Hat Dir Lente von unserer Terminplanung erzählt? Ja, stammelte Josie, die schon wieder alles vergessen hatte, und sich nur vage an ein Rendez-vous mit Nadja und Lente erinnern konnte. Aber wir machen das wie ausgemacht, rettete sich Josie aus der Situation.

Dann erzählte Nadja von ihren Leiden während des Studiums und Josie, die Erfahrenere, gab ihr mehr oder weniger nützliche Tips, wie sie's am besten weitermachen könnte.

Schließlich kam Naja bei ihrer Wochendbeziehung zu Nino an. Ja, nur am Wochenende das ist schon ganz anders, aber ich muß dir ehrlich sagen, es hilft auch ein Stück zur eigenen Individualität zu finden. Als Freundin eines Künstlers ist die Leidenschaft und die Liebe für Nadja immer eine Gradwanderung, wie sie feststellte. Entweder die Kunst steht an erster Stelle oder Nadja musste immer mit dieser anderen Leidenschaft konkurrieren. Sie hatte es nicht leicht. Und heftige Leidenschaft zieht heftige Abgrenzungen nach sich. Nadja wusste wovon sie sprach. Und Josie konnte es ihr nur zu gut nachfühlen, sagte aber nicht viel dazu.

Kannst Du denn nicht mitkommen, wenn ich Nino in Köln besuche, wir könnten uns im Atelier austoben während er seine Ausstellung vorbereiten muß, und ich wäre dann ruhiger. Ein Wochenende in Köln, das konnte sich Josie gut vorstellen. Mit Nadja und Nino heftige Gefühlsausbrüche durchstehen, lag weniger in ihrem Sinn. Aber schließlich hatte sie an den vorgeschlagenen Wochenenden noch nichts andres vor, und es tat ihr sicherlicht gut, sich auf andere Menschen einzulassen, die so im Kontrast zu den täglichen Begegnungen ihres Alltags standen. Nadja selber war eine ungewöhnlich schöne Frau mit roten Haaren, einer zarten Haut und vielen Sommersprossen. Josie kam sich neben ihr manchmal sehr gewöhnlich vor. Nadja und Josie verabredeten, dass sie mit Josie's Wagen am Freitag nach Köln fuhren. Die Fahr verlief, wie das unter Freundinnen so üblich war, wie im Flug. Nadja's Leiden standen im Mittelpunkt der Fahrtgespräche, aber auch Josie wusste etwas zu diesem Thema beizusteuern. Doch ließ sie sich wenig anmerken und verbarg das Schlimmste. Als sie im Atelier ankamen war Nino, ein großer schlanker, dunkelhaariger Mann gerade dabei, die Rahmen für die Ausstellungsbilder zusammenzuhämmern. Alles lief automatisch, etwas hektisch und ohne viel Besonderheit ab. Nino küsste Nadja heftig und Josie ging leer aus. Der Freitag Abend war eine Mischung aus Betäubung und Ablenkung in Köln's Kneipenviertel. Samstag verschwand Nino relativ früh in seine Ausstellungsräume, und Nadja und Josie verbrachten ruhige Stunden in denen sie nach ihrer eigenen Liebe, sich mit Farbe und Nichtstun ausdrücken konnten. Es war völlig ruhig im Atelier, jeder war bei sich als Josie sagte: ich gehe in die Stadt und hole uns etwas zu essen. Nadja schaute nicht einmal auf sondern kommentierte nur, hm. Josie fischte nach dem Geldbeutel, war den langen dünnen Mantel über die Schulter und verschwand wie ein Geist durch die Tür.

Nadja arbeitete weiter still vor sich hin. Nach einer ganzen Weile, sie wusste nicht wie viel Zeit wirklich vergangen war, öffnete sich die Tür wieder, und Nadja fragte ohne aufzusehen, na was hast du dir für uns ausgedacht?

Bis jetzt noch nicht viel. Nadja's Kopf fuhr ruckartig herum in Richtung Tür. Es war die Stimme von Nino, und er stand vor

ihr und strahlte sie an. Hinter ihm tauchte ein Mann auf, den
sie noch nie gesehen hatte, der aufgrund seines Äußeren für
sie aber sofort als Kollege von Nino eingestuft wurde. Nino
stellte ihn nicht vor, sondern der Fremde lief einfach
selbstverständlich neben ihm her und blieb in vorsichtiger
Distanz zu Nadja stehen. Nadja ärgerte sich still über Nino's
Gleichgültigkeit. Sie empfand es immer als Demütigung,
wenn er sie einen Freunden oder Kollegen nicht vorstellte. Sie
fühlte sich behandelt, als wäre sie zweite Wahl. Und das trifft
wohl auch zu, dachte sie wieder bei sich. Sie war es so leid,
ständig mit seiner ersten Geliebten konkurrieren zu müssen.
Vielleicht musste es irgend etwas in ihrem Unbewußten
geben, das sie immer wieder diese Gradwanderung zwischen
Geliebtwerden und Zurückgestoßenwerden mitmachen ließ.
Aber genau wusste sie das auch nicht. Jedenfalls ließ auch sie
den Fremden stehen und fiel Nino in die Arme. Er berichtete
ganz begeistert und gleichzeitig unglaublich sauer über die
Ausstellung, die Ausstellungsräume und die Menschen, die
nichts aber auch gar nichts von ihm verstanden. Nadja durfte
niemals mitkommen, wenn eine Ausstellung begann. Erst
wenn einige Tage der Aufregung vorbei waren, dann wurde
es sozusagen ihre Pflicht, sich mit dem neuen Werk, das
eigentlich bereits Vergangenheit war, auseinander zu setzen.
Dies tat sie auch ganz offen und ehrlich, was Nino sehr
schätzte. Denn eigentlich konnte ihn ein Urteil nicht mehr
treffen, da er abgeschlossene Werke in einer Ausstellung
immer wie „Schnee von gestern" behandelte. Auch hier fühlte
Nadja sich wie zweite Wahl. Aber sie verstand oder vielmehr
sie versuchte zu verstehen, dass Nino's Leidenschaft für sie
hinter seiner ersten Leidenschaft zurückstehen musste. Soweit
ihr Verstand. Wenn jedoch ihre Gefühle gewannen, war Nadja
nur noch eifersüchtig, wütend, deprimiert und hätte die
heftigen Gefühlsausbrüche, die sie jedes Mal überfielen, am
liebsten in sich umgebracht. Doch das wiederum schien genau

die Leidenschaft von Nino für Nadja zu sein: Ihre heftigen Gefühlsausbrüche ihm gegenüber. Also behielt sie sie bei und litt.

Nino zeigte dem Fremden das Atelier. Sie gingen in den Keller und führten Gespräche, bei denen Nadja abschaltete und sich in einer Welt aufhielt, die für sie mit dem Hier und Jetzt nichts mehr zu tun hatte. ...Nicht wahr, Nadja, das wäre doch sicher möglich...ganz dünn drangen Worte in ihr Bewusstsein, das unsanft auf dem Steinboden aufschlug. Äh was, stammelte Nadja. Ach, bi ich für dich mal wieder nicht existent? Nino war immer sofort beleidigt, wenn er auch nur den Anflug von Abgewandtheit bei Nadja spürte. Nein, nein, ich bin ganz für dich da, ich habe es nur akustisch nicht so richtig mitgekriegt. Ja, also ihr könnten „ihn" doch bis Frankfurt mitnehmen, wenn ihr mit dem Auto zurückfahrt. Du und deine Freundin. Ähm ja, ich weiß nicht, vielleicht schon, ich muß sie erst noch fragen, aber du kennst sie ja, da sehe ich keine Probleme. Wo ist sie eigentlich? Nino interessierte sich zum ersten Mal für Josie, aber auch nur, weil er sie gerade verwenden kann, dachte Nadja. Sie wollte für uns etwas zu essen kaufen, ich weiß auch nicht, wo sie bleibt. Nino drehte ein wenig das Radio auf und Cat Stevens dröhnte: if you wann leave take good care...und der Namenlose, wie Nadja ihn inzwischen für sich getauft hatte, lungerte in einem Sessel herum und beobachtete sie. Das konnte sie gar nicht leiden, aber sie sagte Nino zuliebe nichts. Die Gradwanderung war gerade so einigermaßen gelungen, also wollte sie nichts von der Harmonie zerstören. Sie wusste, dass dies sowieso nicht lange anhalten würde, und eigentlich konnte sie dauernde Harmonie auch nicht ertragen, aber manchmal empfand sie diese als äußerst entlastend. Während so jeder mit sich selbst beschäftigt den großen Raum mit Leben erfüllte, flog die Tür auf, und Josie stolperte herein, bewaffnet mit einer großen braunen Tüte voll Grünzeug und Baguette. Das wird ein

Feeest, sang und schrie sie in den Raum, als die Tür hinter ihr zuschlug. Alle drei schauten sie erbarmungslos an, als Josie die Augen aufriß, während ihr gleichzeitig mit einem großen Knall die Tüte auf den Boden schlug. Nadja starrte auf Josie und den Namenlosen. Es hatte sich in Millisekunden etwas ereignet, von dem Nadja noch nicht wusste was es war. Auch Nino starrte neugierig auf den Namenlosen und Josie. Ebenso schnell schossen Josie Tränen in die Augen, und der Namenlose lächelte sie erstaunt an. Nein, dachte Josie, nicht schon wieder. Die Liebe war doch vorbei. Niemand sagte ein Wort, alle fixierten Josie. Nadja begann zu ahnen, dass es sich bei dem Fremden um Josie's Leiden handelte, Nino genoß die Szenerie, die ihn durch die Heftigkeit faszinierte, der Fremde macht Bewegungen, die Flucht ergreifen zu wollen, was ihm nicht gelang, und Josie, ja Josie weinte wie die Katzen im Struwelpeter: Ohne Ende.

Drachentöter

Es war eine sehr merkwürdige Brücke, die sich da über den Fluß bog. Merkwürdig, weil sie eigentümlich breit und groß erschien im Verhältnis zu dem kleinen Fluß, der exakt in der Mitte unter ihr durchfloss. Auf dieser, daher merkwürdig majestätisch wirkenden Brücke, tummelten sich eine Menge bunter Menschen und Tiere. Es war das Zirkusbrückenfest, wie die Einwohner es nannten. Irgendwie war jeder beteiligt daran. Da gab es eine dünne, zierliche Tänzerin, die ständig vergeblich versuchte auf den Zehenspitzen Kunststückchen zu vollbringen. Das gelang ihr aber nicht, weil sie sich nicht die Mühe gab, wirklich auf ihren Fußzehen zu balancier. Schließlich waren ihre Zehennägel frisch lackiert und dadurch gefährdet, durch zu große Belastungen wieder in ihren ursprünglichen Zustand zurückgetrieben zu werden. Also sahen die Kunststückchen immer ein wenig unfertig aus. Aber das störte keine, nein im Gegenteil es trieb die Menge an, sie immer noch mehr anzufeuern. Dann gab es da ein Prinzessin, die unglücklich in die Welt hinein schaute. Sie wollte befreit werden, wußte aber nicht wovon. Weiter war da ein Prinz, der zwar ständig auf der Suche nach einer Prinzessin war, aber die einzige, die es wirklich gab, nicht sehen konnte. Er war so verstört, weil es viele Mädchen und Frauen gab, die ihm bereits vorgegaukelt hatten, dass sie eine Prinzessin seien, dass er den Glauben, eine wirkliche zu finden, bereits aufgegeben hatte. Er suchte einfach nur deswegen weiter, weil er sonst keinen Sinn im Leben finden konnte. Und dann gab es da noch einen Drachentäter. Er tat aber so, als wäre er ein Niemand. Er wollte nicht, dass andere seine wahren Absichten erraten könnten. Der Drachtöter wartete darauf, dass er eine Prinzessin finden konnte, die er befreien durfte. Aber auch für ihn waren Prinzessinnen, die gefangen waren, rar. Mit ihnen war eine ganze Schar von Clowns und Kobolden, die selbst nicht so richtig wussten, was sie auf der Brücke sollten. Denn wenn die Brücke so gefährlich schwankte, wie in diesem Moment, riskierten sie, mit allen anderen auf dem ausgetrockneten Kieselbett des Flusses aufzuschlagen. Aber in diesem Jahr des Festes schien alles ein wenig anders zu sein als sonst. Die Luft vibrierte, und es kündigte sich ein Sturm an, der sich aber nicht blicken lies. Die Prinzessin war inzwischen dazu übergegangen, ständig etwas zu fordern. Sie wollte dies und das, und der Prinz versuchte den Wünschen nachzukommen. Aber so sehr er sich auch bemühte, es gelang ihm nicht, die Wünsche der Prinzessin zufrieden zustellen. Es kamen immer neue Anforderungen. Die Prinzessin wollte immer mehr. Bis dahin, dass sie Papst werden wollte. Der Prinz war ratlos, und die Prinzessin wandte sich gelangweilt dem Drachentöter zu. Dieser Niemand hörte sich die unerfüllbaren Wünsche der Prinzessin eine Zeitlang an, bis er genug hatte. Schließlich schwang er sein Schwert. Das Schwert sah bedrohlich und kräftig aus. Er hob es in die Luft und zuckte schwerwiegend. Die Prinzessin wurde stumm und hielt ihm die großen Wünsche vor die Nase. Dann prasselte es auf sie herein. Er hatte das Schwert gegen sie erhoben und schlug mit voller Wucht sein Nein hervor.

Die Prinzessin war befreit. Der Drachentöter hatte endlich seine Arbeit getan. Nun war es aber an der Zeit, den Drachentöter dafür zu belohnen. Aber es gab gar keine Versprechen für ihn. Keiner hatte ihm den Auftrag gegeben, eine klare Abgrenzung herzustellen. Denn die Zeiten, in denen Prinzessinnen an Drachtöter versprochen wurden, wenn diese den Drachen töten, waren schon lange vorbei. Es gab keinen König mehr, der für Gerechtigkeit sorgte und den Drachentöter belohnen konnte. Der Prinz bezichtigte ihn als Mann der Kraftmeierei betreibe und bewunderte ihn heimlich. Schließlich wollte er nicht für homosexuell gehalten werden,

wenn er ihm offene Bewunderung zuteil werden hätte lassen
können. Der Drachentöter stand da und starrte in den Fluß. Er
vermied es die Prinzessin anzuschauen, da er befürchtete
unglaubwürdig zu werden. Dabei rang er mit seinen Gefühlen
für sie. Die Clowns konnten es deutlich sehen, machten sich
aber nicht lustig über ihn. Sie wussten, dass er Angst davor
hatte, dass sie seine Leistung als Angst vor Versagen
interpretieren konnten, darum schaute auch er ihnen nicht ins
Gesicht. Der Drachentöter war fern davon, Erfolg um jeden
Preis finden zu wollen. Er konnte das alles nicht mehr
einordnen. Aber was sollte er dann nur wollen? Wie konnte er
es nur anstellen, dass seine Gefühle für die Prinzessin nicht
mehr so einsam waren? Unterdessen brach die Nacht herein.
Der Mond schien auf die Brücke und gab dem ganzen
Spektakel ein eigentümliches, zartes Licht. Man überlegte, ob
das Fest nun gelungen sei, und ob nun jeder nach Hause gehen
sollte. Aber irgendwie blieben alle auf der Brücke stehen. Die
Prinzessin starrte den Drachtöter an, dieser starrte in den Fluß,
der Prinz flehte den Mond an, die Tänzerin knickte um und
verstauchte sich den Fuß, und die Clowns hatten nichts mehr
zu lachen. Es herrschte Stillstand. Selbst der Sturm drehte
angesichts dieser Trostlosigkeit lieber um. Da nahm die
Prinzessin dem Drachentöter das Schwert aus der Hand,
befreite sich und ihn aus dieser misslichen Lage, und nahm
ihn nicht mit nach Hause, sondern bot ihm an, im nächsten
Jahr des Brückenfestes für eine König zu sorgen, der
Gerechtigkeit im Sinn habe. Aber der Drachtöter wollte auch
keine Gerechtigkeit mehr. Das passte nicht mehr zu seinem
Schwert. Er wurde zu einem Drachentöter, der nicht mehr
wusste, was er wollte. Dies war fatal für einen Drachtöter,
denn ohne ein wirkliches Versprechen wurden seine
Heldentaten sinnlos. So musste er nach einem neuen Sinn in
seinem Leben suchen, oder eine andere Brücke finden, auf der
Prinzessinnen unsinnige Forderungen stellten. Die befreite

Prinzessin jedenfalls wachte auf und verstand, dass ein Drachentöter immer kämpfen musste, auch wenn es schon lange nichts mehr zu kämpfen gab. Sie ging traurig davon und hoffte, dass der Drachentöter eines Tages wieder wusste, wofür er sie befreit hatte.

Mörder

Josie war den langen Weg gefahren, um doch noch etwas von ihren Gefühlen zu erfahren. Sie stand auf, ging um den Tisch herum und fand sich mit einem Taschentuch in der Hand wieder. Sie heulte, was das Zeug hielt. Der ganze Schmerz der langen Jahre schien auf einmal mit aller macht im Zimmer anwesend zu sein. Andy versuchte eine Art Perseus zu spielen und sprach über seine schmutzigen Fingernägel. Mit diesem Dreck unter den Nägeln traute er sich nur neben sie, und nur neben sie, sich zu setzen. Was hast du denn? Fragte er vorwurfsvoll. Nur du bist in der Lage mich auszuhalten, wenn der Schmutz besonders quälend ist. Josie war so erschüttert, dass sie gar nicht mehr auf die anderen achten konnte, die sie interessiert beobachteten. Sie trat ihm freundschaftlich gegen das Schienbein, und Andy fand ihre Reaktion einfach wundervoll. Im Verlauf des Abends musterte Andy sie stumm von der Seite, und wenn er sprach war er ihr glühende Blicke zu. Josie versuchte ihr bestes Pokerface aufzusetzen, was ihr nur schwer gelang. Sie dachte dabei unentwegt an Léon, der im Raum ständig anwesend schien ohne dass die anderen ihn jemals bemerkten. Nur für sie war er wirklich. Sie hatte ihre Liebe zu ihm, und Andy konnte ihr seine schmutzigen Fingernägel entgegenstrecken, so lange er wollte, sie sah nur Léon umherlaufen. Wieso kommst du nicht mit mir? Flüsterte Andy ihr ins Ohr. Weil ich eine Mörderin bin, dachte Josie. Wenn man jemanden umbringen will, dann zementiert man ihn in eine Beziehung. Ja, dachte Josie, ich werde niemandem mehr die Gelegenheit geben, den Zement auszupacken. Sie hatte sich viel zu lange damit abgemüht, anderen den Zement anzurühren. Das war vorbei. Sie hatte keine Schuldgefühle mehr, wenn sie sich weigerte zu zementieren. Aber sie mochte sich auch nicht zementieren lassen. Nicht von Andy und nicht von Léon. Es gab so viel Lüge um sie herum. Jeder versuchte sich schadlos zu halten, indem er den Zement für andere vorbereitete. Josie hatte nur Freiheit im Sinn keine Schuld keinen Mord. Und trotzdem war sie so traurig geworden, weil sie sich mit Barrakuda auf mörderische Beziehungsspiele eingelassen hatte. Léon gehörte einer anderen Welt an. Einer Welt ohne Trennungen, die sich nur durch Mord lösen ließen. Aber Barrakuda wollte umgebracht werden. Er kannte nur solche tödlichen Beziehungen. Für ihn war die Frau, mit der er sich gerade einließ. Symbolisch für alle Freuen, die ihn zementiert hatten. Entweder unterstellte er Josie, dass sie ihm nicht die richtige Nahrung bot und ihn so umbrachte, oder er vermutete in ihr eine Gottesanbeterin, die sich auf das Auffressen von Männchen nach einer sexuellen Begegnung spezialisiert hatte. Wieder ein anderes Mal schien er völlig davon überzeugt, dass sie ihn überhaupt nicht liebte, und dass sie mit ihm nur ein grausames Spiel trieb. Sie hatte keine Chance. Daß Josie sich von solch mörderischen Quellen befreien wollte, war für Barrakuda undenkbar. Also phantasierte sich Josie in alte Geschichten mit Léon. Eben zu einem Mann hin, der sich nicht zementieren lies. Aber wollte er sie nicht auch umbringen? Hatte er das nicht schon längst getan? Josie war sich unsicher. Er hatte ihr zwar ihre Freiheit geschenkt, aber sie damit auch alleine gelassen. War das nicht Mord? Ein Mord an ihren zärtlichen Gefühlen für ihn? Andy versuchte ihre Aufmerksamkeit zu erlangen: Was meinst du mit Berührungen? Josie erschrak ganz fürchterlich, als er sie so ansprach. Sie hatte völlig ohne Bewusstsein ihren Beitrag zum gerade vorhanden Thema geleistet. Sie wusste noch nicht einmal worum es genau ging. Josie versuchte den Hals aus der Schlinge zu ziehen, indem sie in die Runde blickte und ihre reichhaltigen Erfahrungen mit Frauen, die sexuellen Missbrauch erlitten hatten, mitzuteilen. Das war doch offensichtlich das Abendthema und nicht Mördergeschichten.

Oder war das eins? Sind Mißbrauchsopfer nichts anderes als die Opfer von Mördern? Schon war sie wieder gefangen. Nein, Josie hatte sich für eine pubertäre Lösung entschieden. Sie hatte sich einen Mann in der Phantasie erschaffen, der immer bereit war sie aus den Zementierversuchen der anderen zu befreien. So musste sie nicht teilnehmen an den Opfer-Täter Auseinandersetzungen. Sie war bei sich und ihrer Liebe. Als sie so vor sich hindachte, während die anderen diskutierten, öffnete sich, wie durch eine unsichtbare Hand, das Fenster zum Park hin ein wenig, und unbemerkt für die Anwesenden, schwamm ein Goldfisch herein. Diese Tiere lassen sich nicht zementieren, dachte Josie erfreut. Und schon war er auch wieder verschwundne. Sie ließ dem Fisch seine Freiheit dahin zu schwimmen, wohin er gerade wollte. Das war es doch gerade, was sie so an ihm liebte. Daß er in seinem Element sich wohlfühlte ohne irgend jemanden zu brauchen. Daß er aber andererseits so interessiert war an ihr, dass er sich immer wieder in ihre Nähe wagte, das liebte sie am meisten an ihm. Ach, seufzte sie, wahrscheinlich bin ich mal wieder unverständlich für euch, aber könnten wir nicht versuchen ein wenig liebevoller mit den Menschen umzugehen? Sie erntete unverständliche Blicke und einen warmen Händedruck von Bea. Was soll das jetzt wieder? Andy versuchte ihr unverständliches Gestammel in Worte zu fassen und war dabei sehr liebevoll. Ach Andy, wenn Du nur sein könntest wie Léon, dann würde ich dich lieben. Aber du zementierst. Josie konnte sich von den mörderischen Gedanken nicht mehr lösen. In ihr entstand immer deutlicher das Gefühl, dass sie nur ihren kleinen Finger ausstrecken müsste, ein wenig freundlicher lächeln müsste, und schon wäre Andy ein Mann, der sie beschützen und verwöhnen würde. Und dies alles nur deshalb, weil er vehemente Leidenschaft nicht ertragen konnte, ebenso wenig wie die anderen. Dann musste sie ihn eines Tages umbringen, weil sie keine Zärtlichkeit für ihn empfinden würde, so wie für Léon. Es war einfach furchtbar. Wieso gab es keinen Mann für sie, den sie nicht umbringen musste, weil er ihre Zärtlichkeit nicht aushalten konnte? An diesem Abend waren alle doch plötzlich sehr freundlich zu ihr. Irgendwie hing eine Tragik in der Luft, die die Anderen dazu brachte, Josie zu schonen. Wahrscheinlich lag es nur daran, dass die übliche Lust auf messerscharfe Diskussionen heute für sie nicht existierte. Josie fühlte sich wie ein Tiger. Und Tiger diskutieren nicht, sie wurden selbst zu Perseus. Sie jagten hinaus ins Universum und fanden für sich, das was sie ohne Hilfe leben konnten. Aber Josie war Mensch genug um sich immer wieder mit der Frage aufzuhalten, warum liebt er mich nicht?

Auf dem Kommissariat –Folge 9-

Tom betrat das karge Zimmer und nahm Nic die Lilien aus der Hand, war sie in den Papierkorb und sagte, das kann ich nicht aushalten. Dabei zog er eine Ausgabe von Karl May aus der Tasche und fischte ein Fahndungsphoto zwischen den Seiten heraus. Nach langem Schweigen heftete er es neben das Dia an die Wand. Sie ist es, finden sie nicht? Absolut identisch, wenn man sich einige Dinge wegdenkt. Nic antwortete nicht. Nach einer Pause, in der er gesehen hatte, wie Tom sich für die Todesstrafe und deren Abschaffung engagiert hatte, wie er vergeblich versucht hatte, die Drogengesetzt ihrem Chef aus der Hand zu schlagen, traute er sich nicht mehr zu widersprechen. Warum wird sie denn gesucht, fragte er schließlich? Das brauchen wir nicht zu überprüfen, antwortete Tom, wenn die da oben eine Fahndung ausschreiben, kann man sich sofort auf die Suche begeben, die wissen schon was sie tun. Tom wurde etwas unsicher, ob er das selber glaubte, was er da gerade gesagt hatte. Aber wie sollte er sonst eine Arbeit tun? Wissen Sie, sagte Tom zu Nic, man muß sich einen Sinn im Leben erarbeiten. Und wenn das Bild hier an der Wand hängt, dann weiß ich, wo ich suchen muß. Als wollte er sich selbst noch mehr versichern, dass keine Zweifel aus seiner Sichtweise entsprangen, legte er den 45iger vor den Diaapparat. Falls jemand das Photo verändern möchte, sagte er zu Nic und grinste, als er die Wirkung sah. Tom wurde zum Chef gerufen und verließ den Raum. Nic stand auf und betrachtete sich das Dia an der Wand aus nächster nähe. Dabei angelte er ein zerknülltes Papier aus dem Ärmel und verglich heimlich die Ähnlichkeit. Naja, dachte er, es könnte schon sein. Nic musste unwillkürlich lachen. Hallo Spaceboy, by by Tom. Er hatte es eigentlich schon immer gewusst, Bilder können sprechen, wenn sie nur wollten. Und er verließ lachend den Raum.

Josie kam herein und warf das Telefon ins Aquarium. Später stellte sich heraus, es war der Ozean, der Inseln festhielt, die manchmal Sinai hießen und manchmal Kontinente waren. Das Gerät verschwand im Sand unter Korallen und wurde selbst zu Nichts. Josie bemerkte das Surren des Diaapparates und betrachtete sich die Bilder an der Wand. Ja, überlegte sie, das sind alles Bilder ihrer Mütter. Danach suchten sie. Die Erfolgsquote des Kommissariats war hoch, dafür war es berühmt geworden. Und wenn sie einmal eine Ähnlichkeit festgestellt hatten, bissen sie sich fest, sie ließen nicht mehr los. Das machte den Erfolg aus. Die Statistiken logen nicht, sie waren glänzend. Josie stellte das Gerät aus. Sie hatte die Nase gründlich voll von Statistiken und Fahndungserfolgen. Bislang hatte sie sich ebenso erfolgreich an den detektivischen Suchaktionen beteiligt. Ja, sie war so etwas wie eine Vorzeigekommissarin geworden. Gerade war sie von einem dieser Bahnhöfe zurückgekehrt. Dort übertrugen sie auf einer gigantisch großen Leinwand Live-Sendungen aus dem Horrorkabinett der Fernseh-Talkschows. Die Reisenden warteten auf ihre Anschlüsse und ließen sich von diesen Shows die Zeit vertreiben, während die Taschendiebe ihrer Arbeit nach gingen. So stahl man den Reisenden nicht nur ihr Geld, sondern auch den letzten Rest ihres Verstandes. Falls diese Reisende ein wenig Verstand retten konnten, und auch das Geld in ihren Taschen blieb, kauften sie sich Handys. Telefonapparate mit denen sie ihre Mitreisenden später im Zug terrorisieren konnten. Männer und Frauen unterschieden sich da nicht mehr. Sie waren endlich gleichberechtigt. Und wenn der Schaffner oder die Schaffnerin zur Ticketkontrolle vorbei kamen, läuteten diese Apparate und brachten den Reisenden um sein letztes Stückchen Verstand, denn jetzt musste er entscheiden, ob er zuerst den menschlichen

Kontrolleur oder das unerbittliche Telefon bediente. Damit war er meist überfordert, so dass es einer neuerlichen Kontrolle und Ablenkung bedurfte. Wenn er dann sein Gerät auf Empfang stellte, ging dabei die elektrisch gesteuerten Türen des modernen Zugabteils auf, obwohl keiner hindurch wollte. Solle Josie daraus schließen, dass deshalb die modernen Transportmittel schlecht seien? Oder sollte sie daraus lernen, dass die Menschen sich der Verbreitung des endgültigen Schwachsinns verschrieben hatten? Sie seufzte und ließ sich in den breiten Sessel fallen. Wie gerne würde sie sich einfach nur unterhalten, so wie früher mit dem Jungen aus der Nachbarschaft.

Aber das war wohl Vergangenheit. Auch er hatte sich offensichtlich zu einem dieser Strukturmonolite entwickelt. Ganz so wie die Mutter-Sohn-Einheit, der Josie im Zug begegnet war. Sie spielten beide verträumt an den mitgebrachten Computern, und die Mutter fragte voller Stolz ihren Sprössling, ob sie ihn bei der nächsten C-Bit Messe unterbringen sollte. Die Strukturen waren immer gleich monolitisch. Und wenn der Vater nach Hause kam, war er nicht einmal mehr entscheidungsfähig für Eifersüchteleien, weil der Sohn es mit der Frau besser hatte. Nein, der Vater konnte noch nicht einmal mehr seine pubertären Größenphantasien bei anderen Frauen ausleben. Denn diese waren entweder mit ihren Telefonen beschäftigt, oder ließen sich in Talkschows absorbieren. Jede Form der Mystik oder Symbolik hatte ihren Sinn verloren. Josie biß mit kanibalischem Vergnügen in ihre mitgebrachte Fischsemmel. Die Männer würden später wieder unangenehme Witze über den Geruch von Hafenkneipe loslassen, falls ihnen überhaupt etwas auffiel. Sinnliche Veränderungen gab es eigentlich keine auf dem Kommissariat, diese behinderten nur die Fahndungserfolge. Josie legte die Füße auf den Tisch und träumte vor sich hin. Wie sollte sie nur aus dieser engen Welt entkommen? Wo sollte sie hin? Es schien so als wäre der Planet zu klein geworden. Sie könnte das Fenster zur Straße hin öffnen und ihre Arme ausbreiten und hinausfliegen in die Welt, aber die Gravitation würde das nicht zulassen. Sie könnte sich ein Telefon kaufen und sich an Talkshows beteiligen, aber ihre Gefühlswelt brodelte einfach zu heftig für solche Entscheidungen. Sie könnte die Seite wechseln und Mörderin werden, aber dazu fehlte ihr die notwendige Angst vor der Freiheit. Josie nahm die Füße vom Tisch stand auf und schloß die Tür ab. So konnte sie sich in aller Ruhe mit ihren Ideen und Phantasien beschäftigen unter Ausschluß der Öffentlichkeit.

Love is all you need

Nachdem die Raumfähre einige Jahre unterwegs war, landete sie auf einem silbrig glitzernden runden Etwas. Die Beine der Fähre tasteten sich vorsichtig aus ihrer Halterung bohrten sich in den Untergrund, ganz so wie langbeinige Insekten dies früher auf dem Planeten Erde taten. Die Tür des Gefährtes öffnete sich ebenso natürlich. Josie stieg aus, indem sie sich vorsichtig die Treppe hinableiten lies. Sie sprang dabei ein wenig auf und ab, ganz so wie sie es 1968 im Film gesehen hatte, als die ersten Menschen auf dem Mond gelandet waren. Inzwischen war viel passiert. Es war für jeden ehemaligen Erdbewohner ohne Probleme möglich, sich auf einen beliebigen Planeten zu befördern. Man musste nur die Station Cyber anvisieren. Josie war hierher gereist, weil sie auf der Suche nach ihrem alten Bahnhof war. Aber eigentlich war sie doch eher unterwegs zum Jupiter. Früher stand hier ein Kiosk und manchmal kamen Sterne vorbei, die Josie aufgeheitert hatten. Nun war da ein perfekter Brunnen mit einer Fontäne aufgebaut. Man mußte sich etwas auf Abstand halten, wollte man nicht riskieren naß gespritzt zu werden. Ansonsten war alles sehr unvertraut und von einer künstlich perfekten Schönheit, mit der Josie nicht sehr viel anfangen konnte außer sie zu betrachten. Es gab hier also Wasser, dachte sie, aber die silbrige Erde lies es nicht zu, dass sich das Wasser fruchtbar in den Boden sickern lies. Die Bewohner hatten offensichtlich für einen Kreislauf gesorgt, der ökonomisch völlig korrekt und ausgesprochen sinnvoll schien. Die Bewohner, dachte Josie, ohne zu wissen, ob sie auf diesem seltsamen Planeten nicht eher ganz alleine war. Außer ihr schien offenbar niemand hier zu sein, wenigstens hatte sich bislang niemand blicken lassen. Figuren schlichen zwar um den Brunnen herum, aber diese schienen keine Lebewesen zu sein, eher Gebilde, die zur perfekten Brunnengestaltung hinzugehörten. Diese Figuren waren menschlichen Lebewesen in ihrer äußeren Form nachempfunden, aber ihre Mimik und ihre Bewegungen schienen Josie verdächtig virtuell. Sie hatte eine Art 8ten Sinn hierfür entwickelt, den sie aber ganz besonders geheim hielt. Schließlich stand auf Ablehnung allen Virtuellens die Todesstrafe, dort wo sie bislang lebte. Die Todesstrafe bewegte sich zwischen völliger Tilgung bis hin zur lebenslangen Verleugnung. Als eine besonders harte Strafe zeichnete sich die Verurteilung zur Reaktionsbildung aus. Das war ein Strafmaß bei dem das Individuum so lange trainiert wurde, alles aber auch alles in seinem Gegenteil zu begreifen, dass es meist anfing rückwärts zu leben. Diese Strafe war sehr oft ausgesprochen worden, so dass auf dem Planeten Erde nichts mehr so war, wie es schien. Auch aus diesem Grund wollte Josie die Bedingungen auf Jupiter näher anschauen.

Als sie sich ein wenig niederließ auf dem Brunnenrand, huschte zwischen ihren schweren Schuhen ein Tier hin und her. Sieh an, dachte Josie, also doch. Dabei berührte sie den Schwanz des Salamanders, denn es war ein Salamander, und er fiel zu ihrem großen Erstaunen nicht ab. Erstaunt war sie deshalb, da sie in ihrer Kindheit ein kleines buntes Heftchen besessen hatte, indem ein wunderschöner Salamander als Werbeträger für eine Schuhfabrik, die witzigsten Geschichten über sich selbst verbreitete. Eine dieser Geschichten war, dass kleine Kinder niemals den Schwanz eines Salamanders anfassen dürften, da dieser sonst vor Schreck abfallen würde. Josie lächelte über ihre Erinnerung, die an diesem Brunnen so präsent wurde. Der Salamander war längst verschwunden, auch ohne dass Josie ihm zugerufen hätte: lauf weg. Alles was jemals schön war verflüchtigte sich. Und die Schnelligkeit mit der diese Verflüchtigung sich umsetzte, schien in direktem Zusammenhang zum Ausmaß der Schönheit zu stehen. Josie stand vom Brunnenrand auf und blickte ins dunkle Universum hinaus. In der Ferne war der blaue Planet zu sehen. Diese Perspektive hatte wirklich eine eigentümliche Schönheit, die sich nicht zu verflüchtigen schien. Josie überquerte eine Nebelschicht ohne zu wissen, was sie auf der anderen Seite erwartete. Plötzlich hatte sie ein Kind im Arm, das so groß war, dass es hätte allein laufen können, aber immer wenn sie es auf den Boden stellen wollte, knickten seine Beine ein, und es fiel auf den Hintern. Merkwürdig bei der ganzen Prozedur war, dass das Kind völlig stumm schien. Es weint nicht wenn es hinfiel, es sagte nichts, wenn es auf den Arm genommen werden wollte und trotzdem fühlte sich Josie ihm gegenüber verpflichtet. Aber langsam wurde es ihr –offensichtlich das einzige Lebewesen außer ihr- wirklich zu schwer, und sie hätte so gerne gehabt, dass es selbständig läuft. Wenn nur dein Vater hier wäre, dachte Josie, der könnte sich um dich kümmern. Aber so...Beim nächsten Versuch das Kind auf die eigenen Beine zu stellen, der wiederum scheiterte, lies sie es einfach auf seinem Hintern liegen. Es schloß die Augen und Josie bekam Kopfschmerzen. Dagegen hatten sie noch nichts erfunden, dachte sie wütend. Sie kramte nach den alten Medikamenten und starrte, wie vorgeschrieben auf die irisierende Platte in ihrer Hand. Dieses Mal musste sie sich sehr lange darauf konzentrieren, bis sich die Kopfschmerzen auflösten. Und das Kind fing tatsächlich an zu krabbeln. Es zwängte sich auf allen Vieren zwischen ihren Beinen hindurch und kam ihr für sein Alter mächtig fett und groß vor. Josie war nicht mehr in der Lage die enormen Forderungen des Kindes zu übersehen. Aber sie wehrte sich immer noch dagegen. Doch das half alles nichts, sie musste sich damit auseinandersetzen, denn sie wurde es nicht mehr los, wohin sie auch versuchte zu fliehen.

Strawberry fields wohin sie blickte. Nichts war real, nichts wirklich. Strawberry fields sollten für immer sein. Die Luft vibrierte zu den Klängen der unwirklichen Vergangenheit und der unrealen Gegenwart. Josie legte ihren Kopf in eine große rote Himbeere und träumte von den alten strawberry fields, in die sie sich so gerne mit Léon gelegt hätte. Himbeeren sind halt doch keine Erdbeeren, plapperte das fette Kind. Der Himmel war blau und die Felder um sie herum waren von großen undefinierbaren Maschinen aufgerissen worden. Entweder es gab gefährlich große Löcher oder schwer besteigbare Lehmhügel Zwei wohnhausähnliche Gebilde standen rechts und links von dieser seltsamen Landschaft. Aber immer wenn Josie versuchte diese Gebilde von links oder von rechts anzugehen, verschwanden sie im Nebel nur um direkt und klar wieder hervor zu treten, wenn Josie ihnen den Rücken kehren wollte. Ein Pferd stand auf einer grünen Wiese und hatte manchmal zwei Köpfe. Mit dem einen nickte es, und den anderen benutzte es um ihn zu einem nein zu schütteln. Es war wie in alten Filmen auf der Erde, bei denen man nicht wusste, ob die Wirklichkeit sich blicken lies, oder nur der Schnitt der Cutterin gelungen war. Josie sprang in den Graben von Alaska, wenigstens stand dies auf einem Schild, und sie wunderte sich, dass sie die Sprache verstand und die Schrift lesen konnte. Sie ging einige Schritte mehr springend als laufend, denn immer folgte ihr das dicke Kind und war irgendwie im Weg. Schließlich kam sie an einer Stelle an, da stand auf eine anderen Schild: wenn sie sich verlaufen, fragen sie ihre Frau. Wo war sie denn hier hin geraten, dachte Josie, das war ja tiefstes Mittelalter. Aber scheinbar hatte, was auch immer dafür verantwortlich war, die Anweisung einen tieferen Sinn, den nur Josie nicht verstand. Aus einem Felsspalt drang kirchliche Orgelmusik, und sie versuchte sich durch den Spalt zu quetschen. Dabei hatte sie offensichtlich einen elektrischen Knopf gedrückt, der ganz schwebend den Spalt aufgehen lies, und Josie's Blick fiel auf eine Mariengrotte, mitten in einem verwunschenen Wald. Das sind solche merkwürdigen Opferstätten, wie sie für das Seelenheil alter Menschen errichtet wurden, dachte Josie. Ach du Dummkopf, maulte das fette Kind, das sind Ruheplätze für alle Lebewesen. Auch für solche wie dich, wenn du dich nur würdig erweisen würdest. Aber du springst lieber auf dem Trampolin herum, dabei wirst du dir eines Tages das Genick brechen. Josie hörte sofort auf zu springen, so erschrocken war sie und Henry, das Pferd kam herein und schüttelte den Kopf. Das Orgelkonzert begann erneut. Josie fand die Musik entsetzlich. Das Kind schien sich zu amüsieren. Also überlies Josie es sich selbst und begab sich auf den schmalen Trampelpfad, der an der Marienfigur vorbei in den Wald führte. Nach einer kurzen Zeit kamen Flüsse und Seen von dunklem Grün. Josie erinnerte sich bei ihrem Anblick an Smaragde, die sie einmal sehr geliebt hatte, und daran, dass sie einmal Lucy im Himmel werden wollte mit Diamanten im Haar. Das Kind stand plötzlich hinter ihr, und wie Josie fand, völlig selbständig auf einen Beinen, und es lachte. Doch im gleichen Augenblick fiel es wieder auf seinen Hintern und schloß erneut die Augen. Josie seufzte, legte die Sauerstoffflasche an, nahm das Mundstück und sprang in den grünen See, der vor ihr lag. Als sie sich so einfach durch ausatmen immer tiefer sinken lassen konnte, fühlte sie sich losgelöst von allen Fragen des Universums. Einige Fische kamen vorbei und schielten sie neugierig an. Sie blubberten die Frage, ob sie wisse wie sie hießen, doch Josie ging nicht darauf ein. Statt dessen summte sie: you are me and we are you and we are all together...Die Fische summten mit. Was für ein schöner Planet, schwärmte Josie. Leider dauerte die Idylle nicht länger als 90 Minuten, da Josie wieder an die Oberfläche des Sees zurückkehren musste, weil die Flasche leer war. Seit sie das neue Gemisch verwandte, konnte sie zwar die Sprache der Fische verstehen, aber sie konnte nicht wesentlich länger in der Tiefe bleiben als früher. Während sie aus dem See stieg, sah sie die Sonne untergehen, oder wenigstens dachte sie, dass es die Sonne sei, schließlich war sie nicht auf der Erde. Das

Kind hatte sich versteckt. Es war offensichtlich voller panischer Angst gewesen, als Josie in den See gesprungen war. Aber schon war alles wieder vergessen. Erstaunlich dachte Josie, so ohne längere Heulphase? Ganz wie Verrückte auf einem fernen Berg. Gut, sagte Josie, laß uns gehen, wir können hier nicht bleiben, hier gibt es nur Streit über gelbe Hosen. Das Kind blickte sie unverständlich an, und Josie fügte hinzu, dein Vater wird's wissen.

Real, real. Was ist wirkliche Liebe? In allen Sprachen dröhnte es vom Himmel. Josie und das Kind hielten sich die Ohren zu und rannten und sprangen davon auf der Suche nach einem Unterschlupf, um dem Lärm zu entgehen, aber außer im Raumschiff schien es keinen ruhigen Ort hier zu geben. Und die Raumfähre war nicht in Sicht. Rot ist die Liebe, gelb die Sünde und grün die Hoffnung, hörte Josie, als sie die Hände kurzfristig von den Ohren nahm. Was für ein Schwachsinn hier verbreitet wurde, dachte Josie. Die Laute, die die Luft verdrängten, wurden immer kindischer, wie sie fand. I'm down, I'm really down. Das Kind fing fürchterlich an zu lachen. Wie kannst du nur lachen, wenn du siehst, dass ich völlig fertig bin, schrie Josie das Kind an. Es hörte sich an, als ob ein Glas zerbrochen worden wäre, und der Lärm der Luft hörte auf. Sie konnten ihre Hände von den Ohren nehmen. Du musst einfach lernen deine Liebe dadurch loszuwerden, dass du sie weggeheimnist, flüsterte das Kind. Ist gut, flüsterte Josie zurück. Dabei drehte sie sich um und schaute den blauen Planeten an, der immer noch an der gleichen Stelle stand. Verzeih Léon, flüsterte sie in Richtung Planet, ich habe dir Probleme gebracht, verzeih. Aber das Kind war wieder unter ihren Beinen hindurchgekrochen und grinste sie breit an. Hör mal, sagte Josie zu ihm, ich muß nun weiter, und du musst hier alleine zu recht kommen. Das Kind zeigte keinerlei Regung, und Josie wunderte sich. Es hatte nichts als seine Liebe, aber das schien wohl eine ganze Menge zu sein. Und das Kind sagte zu Josie, wenn du liebst, bedeute das ganz schön viel und lächelte ein bisschen einsam. Also nahm Josie das Kind an der Hand und erzählte ihm, während sie weiter vorwärts ging Geschichten von gestern. Geschichten aus der Zeit, als ihre Sorgen noch so weit weg waren, und wie sie plötzlich Schatten über sich spürte, und warum sie nicht verstand, was sie Falsches gesagt haben könnte, dass sie zu Vergangenheit wurde. Und dass sie niemals verstehen würde, warum sie in Léon's Nähe immer so schüchtern geworden war. Es war nur Liebe, sagte das Kind, und es ist so schwer dich zu lieben. Josie hielt den Atem an und konnte erst wieder Luft holen, als das Kind sagte, ich bin so froh, dass es dich gibt. Nur durch dich habe ich die Chance erhalten, mich auf diesem Planeten zu bewegen. Aber wenn ich ja sage, sagst du nein, und wenn ich auf Wiedersehen sage, sagst du Hallo. Sie näherten sich der Raumfähre, als das Kind anfing zu singen: als ich noch viel viel jünger war, benötigte ich sehr viel Hilfe. Willst du mir nun nicht mehr helfen? Meine Unabhängigkeit soll doch nicht im Haß versinken, hilf mir, dass ich meine Füße wieder auf den Boden stellen kann. Und es knickte wieder in den Beinen in und fiel auf seinen Hintern, während es wie gewöhnlich die Augen schloß und help, help in Richtung Josie hauchte. Josie wurde es langsam leid, sollte sich doch um das Kind kümmern wer wollte, sie jedenfalls hatte die Nase voll. Der Erde war sie entflohen, weil jeder ihre Hilfe wollte, was sollte also das hier dann? Ich werde durch dich hindurchschauen, dachte Josie, das wird die einfachste Methode sein. Ich hatte einmal eine Liebe, summte Josie vor sich hin, und ich saß auf einem Felsen und unterhielt mich über Salamander, das war einmal. Dann rannte der Salamander davon, also werde ich es schaffen durch dich hindurch zu schauen, dabei stupste Josie dem Kind mit ihrem Finger auf seine kleine Nase. Die Nase war ganz warm, wie bei einem kranken Hund. Du bist anders, also werde ich es schaffen, über dich hinweg zu schauen, versuchte Josie sich selbst zu überzeugen. Aber sie war ziemlich in Sorge wegen der warmen Nase. Hier oben gab es keine medizinische Hilfe und was bei Hunden zu tun ist, wenn sie eine warme Nase hatten, wusste sie ebenso wenig, wie bei Kindern mit warmen Nasen. Niemand hatte ihr das jemals erklärt, weil morgen niemals kam. Und weil morgen nicht wusste was wird. Josie dachte, sie müsste versuchen das Kind irgend wie in ihr Leben zu integrieren. Was sollte sie tun? Sie hatte vergessen zu sagen, dass sie es gerne bei sich hätte, nun war es krank. Und sie brauchte seine Liebe irgendwie, irgendwo. Aber es konnte sie nicht mehr sehen, und wenn Josie in den Spiegel der Raumfähre sah, konnte auch sie nichts mehr sehen, weil ihre Augen sich mit Tränen gefüllt hatten. Sag mir was du willst, und du wirst leben und alles haben was du willst, aber du wirst mich nicht haben können. Ich bin nur eine Kontrollstation, dachte Josie, ja, ich bin nur für Fahndungen zuständig, daran wird sich nichts ändern. Kontrollstation für Fahndungen spezifischer Art, in geheimer Mission. Sie hatte bei der Gelegenheit ihren Seestern wiedergefunden, der sozusagen als Kontrolle für den Sauerstoffgehalt in ihrem Raumschiff zuständig war. Er lebte und erfreute sich bester Gesundheit. Wenigstens etwas, dachte Josie vor sich hin. Sie hatte ihn früher einmal Eleanor Rigby getauft. Er hörte auf den Namen, so schien es ihr, wenn er oder sie Lust dazu hatte. Alle dachten immer, dass er faul sei, aber eigentlich schlief er nur gerne, was wiederum Josie sehr gut verstand, schließlich gehörte das auch zu ihren Lieblingsbeschäftigungen. Und gerade jetzt wartete sie eigentlich auf ein schläfriges Gefühl, das sich nicht einstellen wollte. Dabei musste sie doch weiterfliegen und das ging nicht mit Rock and Roll, das führte nur zu Wirbelstürmen, die sich beim Start des Raumschiffes ungünstig auswirken würden. Josie drehte etwas zu heftig an der Steuerung, aber die Raumfähre begann sich in Bewegung zu setzen, und sie fühlte sich wie eine Frau, die funktionierte, weil sie wissen musste.

Oskar, Otto und Johannes

Meine Güte ist das anstrengend, keuchte Josie. Sie quälte sich
das enge Sträßchen hinauf. Früher war ihr diese
Kopfsteinpflasterstraße nur furchtbar lange vorgekommen.
Heute schien sie ihr eher kurz, aber dafür extrem steil. So
ändern sich die Wahrnehmungen im Laufe der Jahre dachte
sie. Aber heute hatte sie noch das gleiche Gefühl wie damals
als Schulkind. Josie fühlte sich heute wie damals als Figur aus
Kafka's Romanen: Düster wurde sie gezwungen, jeden
Mittwoch morgen den Gottesdienst zu besuchen, bevor sie in
die Schule ging. Schülergottesdienst nannte sich das, und wer
sich etwa drücken wollte, wurde entweder verhaftet oder für
immer mit irgend etwas bestraft. Niemand wusste so recht
womit, aber alle glaubten fest daran, dass es tödlich sein
würde. Also gingen alle mittwochs in die Kirche. Wie sich
solche Gefühle halten, dachte Josie bei sich. Niemand könnte
sie heute ernsthaft mehr zwingen, überlegte Josie, als sie
zaghaft die Türklinke der Tür zum Museum herunterdrückte.
Als sie eintrat war sie ein wenig geblendet von dem
makellosen Weiß der Wände und der Treppe, hatte sie bis
eben doch schwarze Gefühle mit sich herum getragen. Daher
dauerte es eine Zeit lang, Josie hatte den Eindruck eine
Ewigkeit, bis sie eine Orientierung fand. Dies gelang ihr vor
allem, als eine Stimme von rechts deutlich in das Weiß hinein
lärmte: Guten Tag! Wiederum dauerte es einige Minuten, bis
sich die Silhouette eines älteren Mannes aus der Wand löste.
Er hatte fast eine Einheit mit den sandfarbenen Steinen
gebildet, obwohl er eigentlich vor einem ganz gewöhnlichen
Büchertisch saß. Was kostet der Eintritt, fragte Josie, und der
Mann strahlte sie an, oh das ist frei. Er hatte eine jugendliche,
braune Wildlederjacke angezogen, die ihn nicht nur
mindestens ein Jahr jünger machte, er sah auch ausgesprochen

aufgeräumt darin aus. Mindestens 68 Jahre. Er hatte eine so zuvorkommende Art, dass Josie ganz beeindruckt von soviel Freundlichkeit, ihn heimlich Oskar taufte. Wahrscheinlich war er so nett zu ihr, weil sich nicht sehr viele Leute in diese Ausstellung verirrten. Eine Sammlung von Erinnerungen an einen alten Mann, der einmal die Geschichte der Psychoanalyse beeinflussen wollte, aber wahrscheinlich nicht ernsthaft genug in Verhalten und Ausdruck war. Jedenfalls war er ein Kind der Stadt und auch hier begraben. Josie wollte sich diese einmalige Gelegenheit, die diese Ausstellung darstellte, trotz allem nicht entgehen lassen. Naja, das Übliche, Texte, alte Photographien, einige Gegenstände, witzige Dinge usw. Josie entdeckte eine Videogerät mit der Ankündigung von zwei Filmen. Sie fragte Oskar, ob sie sich diese anschauen könnte. Oh, das weiß ich nicht wie das geht, antwortete er, ganz Faktotum der Zeit. Naja, wie jeder Videorecorder denke ich, murmelte Josie vor sich hin. Das ist aber auf englisch, widerstand Oskar weiterhin. Kein Problem warf Josie hin, und Oskar schaute sie ausgesprochen ungläubig an, als er „wirklich?" in den leeren Raum warf. Josie fühlte sich bereits Zuhause und bediente sich selbst. Oskar quälte sich hinter seinem Büchertisch hervor, in ihre Richtung. Da kam ein Mann mit Baskenmütze, Brille und einer Leiter unter dem Arm vorbei und rief in den Raum hinein, klappts? Nichts klappt, war Josie den Ball zurück und die Baskenmütze stelle die Leiter zur Seite und machte sich am Videogerät nützlich. Josie fragte mehr aus spontaner Eingabe, denn aus anderen Gründen, wer denn diese Ausstellung organisiert habe, als die Baskenmütze missmutig, ich, antwortete. Josie stellte ihm ein paar Fragen und wollte einiges wissen, als er seine Leiter wieder nahm und sagte, schauen sie sich den Film an, ich habe oben zu tun, dann können wir uns unterhalten, wenn ich wiederkomme. Josie sah sich zwei langweilige Filme über eine Männerwelt des frühen

20igsten Jahrhunderts an, und was noch schlimmer war, die Darstellung des Frauenbildes. Schließlich wurde die Geburt eines Babys gezeigt. Die Essenz der Darbietung endete darin, dass jeder Arzt das sein kann, was eine Frau sowieso ist, eine Mutter. Also sind Frauen ohne Kinder unwertes Leben, dachte Josie. Ganz so wie sich's für deutsche Gemüter gehört. Wenn sie diesen Film den amerikanischen Kollegen zeigen würde, wären diese sicherlich hoch erfreut, dachte Josie angewidert. Ein ungewisser Glaube, sich damit auseinandersetzten zu müssen, lies sie nicht mehr los. Am liebsten wäre sie gegangen aber irgend etwas zwang sie da zu bleiben und sich um diese Ausstellungsangelegenheit zu kümmern. Die Baskenmütze war verschwunden, und Josie stand etwas verloren im Raum als Oskar in seiner gewohnten Freundlichkeit zu ihr sagte, da oben ist auch noch etwas. Er deutete auf die weiße Treppe, und Josie lächelte ihn dankbar an. Als sie den Fuß an die Stufe setzte, fiel ihr Blick auf die Ankündigung bei einer der Säulen. Junge Künstler der Gegenwartsgruppe. Josie's Herz zog sich zusammen, und sie schloß instinktiv die Augen. Als sie sie wieder öffnete, war sein Name nicht auf der Liste zu finden. Enttäuscht murmelte Josie, schade, und ging schwerfällig die Treppe hinauf. Oh hallo, rief ihr eine glockenhelle Stimme entgegen, die Ausstellung geht hier weiter. Wenige Besucher müssen hier her kommen, dachte Josie, erneut überrascht über soviel Freundlichkeit. Die korrekte Dame erinnerte sie an eine befreundete Sekretärin und hatte somit sofort ihr vollstes Vertrauen und leichtes Spiel. Die wenigen Bilder waren beeindruckend in ihrer Individualität. Josie war hoch erfreut, als sie einige Bilder ihres derzeitigen Favoriten entdecke. Leider waren die schönsten unverkäuflich, aber schließlich konnte sie bei einem nicht wiederstehen. Die liebenswürdige Dame wurde sofort geschäftig und klebte einen roten Punkt für sie, mit einem Ausruf der Begeisterung. Sie würde sich für

Josie so sehr freuen und Johannes auch. Aha, dachte Josie, Johannes also auch. Wahrscheinlich interessiert den nur das Geld, was auch sonst, lächelte Josie in sich hinein.

Sie ging wieder nach unten und fragte Oskar nach dem Mann mit der Baskenmütze. Dabei erfuhr sie, dass er Otto hieß. Aber Otto war unauffindbar, und Josie setzte sich zu Oskar um ein wenig zu plaudern, zu warten und naja, eigentlich wusste sie selbst nicht, wieso sie sich hier wie Zuhause fühlte. Oskar kannte keine Telefonnummer von Otto und wusste überhaupt nichts von ihm, obwohl er für ihn arbeitet. Das war hier irgendwie nicht notwendig, man traf sich sowieso. Er schwärmte nur davon, dass er diese Art von Ausstellungen am liebsten mag da hier nichts geklaut werden könnte. Josie grinste über soviel Sinn für Kunst. Während sie über dies und jenes plauderten, und Josie eigentlich hätte längst gehen müssen, ging die Tür auf, ein sehr nasser Schirm kam mit Otto herein. Oh ja, ich muß nur schnell nach oben, dann komme ich wieder, und er verschwand. Josie hörte wie die freundliche Dame im zweiten Stock ihm von ihr erzählte irgend etwas über das Bild von Johannes. Oskar bat Josie, ob sie ihm helfen könne den Büchertisch wegzutragen, in das andere Zimmer, erklärte er. Mit Erstaunen über soviel Vertraulichkeit hatte Josie den Eindruck, dass Oskar den Ball ihres Gefühls von Zuhausesein aufgefangen hatte. Aber er sprach auch von der automatischen Alarmanlage. Schließlich kam Otto zurück und bot ihr ohne Zögern an, dass er zu einer Performance in die Musikschule müsse, das würde nur 20 Minuten dauern, aber sie könne ihn ja begleiten, dann könnte man sich ein wenig unterhalten. Die Baskenmütze hatte er in der Zwischenzeit abgesetzt. Schirm oder Mütze schien wohl die Devise. Josie ging einfach m it. Es goß in Strömen, und sie waren trotz großer Schirme in Sekunden naß. Otto rief beim Überqueren der Straße, nur Mut, und wäre beinahe in einen Lastwagen gelaufen, während Josie überlegte, welche der beiden Seen auf dem Teer sie sich zum Hineintreten aussuchen sollte. Wo gibt es denn hier eine Musikschule, schrie Josie in die Nacht. In einem alten Gymnasium, schrie Otto zurück. Meine Güte, das ist ja meine alte Schule, Josie war so erstaunt darüber, dass sie nicht wußte, ob sie weinen oder lachen sollte, daher tat sie gar nichts. Otto erklärte ihr die Performance, während sie die alten Gänge durchschritten. Es schienen sehr bekannte ungarische Musiker zu sein, die den Kindern Unterricht gaben, während die Mannschaft des örtlichen Rundfunksenders versuchte sich ein bild zu machen. Die große Elite, schwärmte Otto, völlig ergeben. Josie warf immer mal wieder dazwischen ein, hier war das Lehrerzimmer, und hier war dies und das. Sie konnte den sicher wichtigen Ausführungen von Otto gar nicht folgen, schließlich passierten sie die Türe zur Toilette, hinter der sich einige Dramen ihrer Jugend abgespielt hatten. Die ersten Gedanken über Männer. In der Pause, die ersten Zigaretten der andern, für die sie Schmiere stand, damit diese sie besser leiden konnten, die ersten verschämten Gespräche über Menstruation, und was es da sonst noch zu besprechen gab. Aber nur unter ganz bestimmten Gruppenmitgliedern. Die Schule war eine reine Mädchenschule gewesen, und das hatte etwas entlastendes gehabt, obwohl natürlich alle dagegen waren. Otto redet auf sie ein, während Josie versuchte ihren Mantel, der keinen Aufhänger hatte, an einen dieser Hacken zu befestigen. Es gelang nicht und sie schmiß ihn irgendwo hin. Otto ging mit ihr nach hinten, und eine kleine dicke Frau mit schwarzen Haaren und im Kostüm kam auf sie zu und begrüßte Otto. Josie gab ihr die Hand und stellte sich mit Namen vor. Was sollte sie sonst tun. Nach einem gewissen Zögern gingen sie hinein, und Josie trat hinter einer alten Landkarte hervor in den Raum. Einige Kinder, alle mit Geige, standen oder saßen herum und warteten, während ein paar graubärtige wichtige Männer und ein paar unwichtigere Frauen auf Stühlen saßen und ebenso warteten.

Josie wurde unsicher wo war sie, was tat sie hier? Sie setzte sich in die hinterste Ecke, als Otto schließlich vorne ein paar Stühle auspackte, und Josie sich wieder nach vorne begab, um sich weiter mit ihm zu unterhalten. Dabei stelle sie zum ersten Mal fest, daß Otto ein sehr attraktiver Mann war, ein schön geschnittenes Gesicht, das irgendwie vertraut schien. Dabei konnte sie sich nicht einmal die Farbe seiner Augen merken. Schließlich begann die Vorstellung und der „Trainer" erklärte sein Motto, dass nach einem Computerbild, die Farbe blau, zu bestimmten kommunikativen Situationen gespielt werde. Während die Kinder sich Mühe gaben, erinnerte sich Josie sehr an Tanztherapie und gruppentherapeutische Maßnahmen. Gleichzeitig wurde ihr bewusst, dass sie sich in ihrem alten Klassenzimmer befanden, und zwar in dem, das sie nach einem Jahr verlassen musste. Unangenehme Erinnerungen. Die Performance ging weiter, und Josie vergaß sich fast da bei. Es war wohltuend zu sehen, wie die kleinen Genies gegen Ende der Vorstellung vor Kichern und Gackern fast nicht mehr spielen konnten. Die Anspannung lies nach und dann waren es auch ganz normale Kinder, wie vor 20 Jahren. Auch Josie ging am Ende völlig entspannt aus diesem Gebäude. War es doch das, was sie in andren Städten so sehr vermisste: Hatte man einmal Kontakt zu jemandem gefunden, wurde automatisch mehr daraus ohne irgend eine Art von Verpflichtung. Ganz wie früher fühlte sie sich Zuhause. It still feels good. You are so beautiful to me.

Wolfsblut

Wölfe können nicht stillstehen. Diana versuchte Frankenstein zum Träumen zu bewegen. Er konnte es ohne ihre Hilfe, aber Wölfe standen nicht still. Josie mischte sich in die Bewegung ein. Sie nahm die Gestalt einer übergroßen Figur aus einem Modekatalog an, der noch nicht die magersüchtigen Mädchen favorisierte. Während die Wölfe immer am Zaun entlang liefen wanderte die übergroße Figur in entgegengesetzter Richtung. Die Bewegungen von Josie wurden immer schneller und unkoordinierter. Sie schien in einen Rausch zu gleiten. Dabei strahlte sie eine Aura in roter Farbe aus, die je nach Intensität und Richtung ihrer Wanderung sich der Bewegung anpasste. Meist war ihre rechte Körperseite von einem roten Band umgeben. Dann fühlte Josie sich mächtig und stark. Größer als die Natur, schneller als die Wölfe, die sie in ihrer Gefangenheit verachtete. Manchmal schien der ganze Körper die rote Farbe zu tragen, wenn sie ihre Bewegungen änderte, dann konnte Josie sich selbst kaum wahrnehmen. Die Wölfe wurden mächtig, kamen auf sie zu, ohne sie wirklich zu sehen. Josie taufte sie Frankenstein, während Diana die Tiere zum Stillstand bringe wollte. Die Wölfe blieben gleich unruhig in ihrer Bewegung und auch ohne Farbe. Während Josie mit Aura und Übergröße sich der Bewegung der Wölfe entgegenzustellen versuchte, verfolgten zwei Männer an der Wand das Spektakel, das für den einzelnen Wolf und für Josie immer schneller wurde. Der eine von ihnen, klein und dick, trug einen Trenchcoat und ließ sich von dem größeren im braunen Leinenanzug erklären wohin er zu schauen habe. Sie thematisierten die Wölfe und verfolgten Josie, während die Farbe keine Rolle zu spielen schien. Josie's Bewegungen wurden langsamer, fast Zeitlupe. In einem unbedachten Moment setzte einer der Wölfe zu einer ausladenden

Bewegung an, er wurde immer breiter, immer bedrohlicher, als er auf Josie zusprang. Mitten durch sie hindurch. Und doch blieb sie unverletzt, der Wolf verschwunden. Josie lernte Angst. Sie fand ihre Bewegungen zurück, doch von nun an rannte sie nicht mehr gegen die Bewegung der Wölfe an, ohne deren Absichten erraten zu wollen.

Frankenstein sollte das Geschöpf sein, das gesteuert, nicht Herr seiner selbst war, weil er von einem anderen erschaffen wurde. Aber dadurch, mächtig. Josie träumte von einem grünen Apfel auf weißem Papier und realisiert ihn. Sie wurde zum Medium ihre Träume und dadurch zu etwas Eigenem ohne die Wölfe jemals vergessen zu können.

Josie wollte wissen was Frankenstein träumte. Frankenstein träumte sich selbst. Genügte es, wenn er sich selbst träumte, um etwas Eigenes zu sein? Wenn Frankenstein davon träumte, dass er von einem anderen erschaffen worden war, genügte das um etwas Eigenes zu sein? Träumte er nicht von Liebe? Davon, als ein eigenständiges Wesen von einer anderen Person geliebt zu werden? Als Frankenstein sich darüber klar wurde, dass er nicht geliebt werden konnte, ging er zugrunde. Er wurde zum Wolf der nicht stillstehen konnte. Josie versuchte zu fangen, was seit Jahrhunderten sich wiederholte und ein Ritual unserer Zeit geworden war: Sie versuchte der Bewegung des Wolfes entgegenzuwirken und schuf dabei Eigenes ohne Wissen. War Josie Frankenstein geworden?

Fortsetzung folgt